M. Loubet en Afrique

Pierre GIFFARD

Paul GERS

M. Loubet en Afrique

Pierre GIFFARD = Paul GERS

M. Loubet

en Afrique

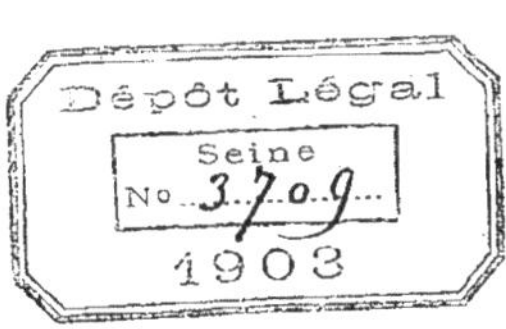

Avril 1903

M. Loubet en Afrique

Départ pour l'Afrique

M. Émile Loubet,
président de la République française.

Le Président de la République française doit-il voyager ?
Oui, répond le simple bon sens. Il faut que, pénétré des devoirs de sa charge, le chef d'un grand État démocratique, sans se prodiguer, montre tour à tour aux populations des quatre points cardinaux qu'il existe, qu'il n'est pas une simple formule légale, une machine à signer des décrets et à contresigner des lois.

Pourtant, depuis que la République est fondée, les Présidents qui se sont succédé au pouvoir n'ont pas été là-dessus d'un même avis. Thiers ne sortait guère, Jules Grévy ne sortait pas du tout. On peut supposer que sa manie casanière fit quelque tort à la République, sans que l'excellent homme s'en doutât.

Les départements, qui ne le voyaient jamais, avaient le droit de douter de son existence, et cette supposition, encore qu'elle soit énorme, s'explique pour qui

Alger. - La rade
au moment de l'arrivée de la *Jeanne-d'Arc*.

connaît la candeur de certains campagnards et aussi la rouerie des ennemis de la République.

Vue d'Alger.

Mac-Mahon, tout prêt qu'il fût à se déplacer lorsque des événements lamentables se produisirent, comme les inondations de Toulouse, ne professait guère non plus un amour immodéré pour les voyages. Ce fut Carnot qui, le premier, se dévoua à ce rude métier de Président voyageur. Et, par un effet contraire, ses déplacements firent grand plaisir à la masse des Français. Félix Faure poussa le système des voyages à l'outrance et montra qu'il ne faisait point fi du sobriquet de commis voyageur de la

Alger. - Le canot présidentiel entrant dans le port de l'Amirauté.

Alger. - De l'Amirauté à la Résidence.
M M. L. Bourgeois et Fallières.

République, que les adversaires du régime lui avaient un jour décerné.

Avec plus de mesure dans son choix des allées et venues à travers le pays, à travers l'Europe, M. Loubet, plaçant en tête de son programme cette si fatigante prérogative, a suivi son penchant naturel pour l'accomplissement intégral du devoir. Le pays lui en est reconnaissant, et sa renommée personnelle s'en est accrue, autant que la stabilité gouvernementale.

On aime, chez nous, à voir ses mandataires, à connaître ses hommes autrement que par la photographie. Et si la figure du Président est, comme celle de M. Loubet, particulièrement ouverte, fine, avec un sourire empreint d'une indéfinissable bonté, chaque voyage du chef de l'État marque une étape de plus dans la voie de la juste popularité et de la

Alger. - Le cortège officiel boulevard de la République.

consolidation du régime. Après avoir parcouru successivement la Bretagne, la Provence, le Nord, l'Est et le Centre du pays, après avoir rendu visite au Tsar dans sa capitale, à la veille de se rencontrer avec le Roi d'Angleterre dans la sienne, M. Loubet, fidèle à une promesse depuis longtemps faite aux représentants de l'Algérie, partait le 14 avril 1903 pour traverser la Méditerranée et parcourir en fatigantes étapes, calculées à la minute et scrupuleusement mesurées à l'avance, nos deux Colonies de l'Afrique du Nord, l'Algérie et la Tunisie, qu'il faut appeler à juste titre la France d'outre-mer.

Le 16, il débarquait à Alger. Ce fut un inoubliable spectacle pour ceux qui, comme nous, purent se trouver là, dans le port de l'Amirauté, à l'accostage du canot présidentiel. Une escadre avait accompagné la *Jeanne-Darc*, croiseur tout neuf, sur lequel le Président plus vaillant que quiconque à la mer, avait fait la traversée.

Alger. - Les enfants des Écoles massés boulevard de la République.

M. Loubet était accompagné, dans ce voyage, de MM. Fallières, président du Sénat, et Léon Bourgeois, président de la Chambre des Députés, ainsi que du Ministre

Alger. - Le cortège officiel quitte le port de l'Amirauté.

des Affaires étrangères, M. Delcassé; de sa Maison civile et de sa Maison militaire, de tous les Sénateurs et Députés de l'Algérie et de quelques Députés et Sénateurs appartenant à diverses régions de la France, curieux de s'instruire et de voir de près, à la faveur de circonstances uniques, les progrès réalisés en Afrique par l'administration française, depuis la frontière du Maroc jusqu'à celle de Tripoli.

La journée du 16 avril fut superbe; Alger ruisselait de soleil et retentissait d'acclamations chaudement républicaines. Un instant on avait pu croire qu'un grave incident, survenu à la suite de malentendus entre le Gouverneur général, M. Révoil, et le Ministre de l'Intérieur, transformât la visite présidentielle en une dispute locale, chaude comme le sont, dans les pays algériens, toutes les démonstrations politiques. Il n'en fut rien. Avec

Alger. -Les bâtiments de l'escadre ont leur grand pavois.

une abnégation dont il faut lui savoir gré, M. Révoil, démissionnait quelques jours avant le voyage présidentiel, invitant sincèrement ses administrés de la veille à fêter M. Loubet. Les représentants de l'Algérie s'unissaient pour calmer les nerfs des plus exaltés et obtenaient de toute la population une trêve si naturelle en pareille circonstance, que rien ne vint la rompre à l'issue du voyage, et ce fut au milieu des ovations et des bravos que le chef de l'État traversa la capitale de l'Algérie.

M. Varnier, secrétaire général du Gouvernement de la Colonie, avait été invité par le Ministre de l'Intérieur à substituer le Gouverneur absent. Et, pendant toute la durée du voyage présidentiel, ce fonctionnaire de second plan, instruit admirablement des choses algériennes, compétent autant que modeste, tint son rôle intérimaire avec une correction qui lui conquit tous les suffrages et lui valut du reste, au lendemain du voyage, la croix de chevalier de la Légion d'honneur.

Il fallait voir Alger en fête, avec ses Françaises aux fraîches toilettes, ses colons démonstratifs, ses Arabes silencieux par tradition, ses zouaves, ses tirailleurs, ses spahis, ses cheiks habillés de couleurs éclatantes, montant des chevaux superbement harnachés, toute cette foule bigarrée et diverse d'aspects, parlant trois langues : l'arabe, le français

M. Léon Bourgeois,
président de la Chambre des Députés.

et l'espagnol; ses enfants des écoles groupés çà et là en gentilles théories, qui agitaient des bannières, jetaient des fleurs au Président et lui envoyaient de leurs petites voix flûtées tous les compliments de bienvenue que leurs maîtres et maîtresses leur avaient appris.

Dominant ce tableau « d'entrée en ville » qui se déroulait le long des rues construites à l'européenne, la vieille Kasbah, toute blanche sur la montagne silencieuse,

Alger. - Grande revue de Mustapha. - Les tribunes.

vide de sa population indigène qui s'étageait en grappes humaines sur les escaliers des rues adjacentes au parcours du cortège, ressemblait au fantôme du passé, immuable au milieu de tout ce modernisme. Dans le port, sur la rade, des escadres venues d'Italie, d'Angleterre et d'Espagne, rivalisaient avec la nôtre pour tirer de pacifiques coups de canon. En vérité, cette journée du 16 avril 1903 fut grandiose, et le premier magistrat de la République fit en Alger, comme on disait au grand siècle, une entrée digne de la

France. Napoléon III avait jadis fait un voyage analogue. Il était plus militaire; celui-ci fut plus civil. Contrairement à ce qu'on pourrait croire, les dirigeants arabes, sinon les pauvres diables de la tente et de la kasbah, sont parfaitement au courant de la modification qui s'est opérée chez nous; ils savent que le pouvoir civil a le pas sur les autres, désormais, en France, et ils l'entourent d'une considération respectueuse qui n'exclut pas l'intelligence très subtile de leurs intérêts.

Le lendemain, M. Léon Bourgeois, rappelé en France par la cruelle maladie de sa fille, — la mort devait la lui enlever peu après, — se séparait de la caravane présidentielle et rentrait péniblement à Marseille, au milieu d'une forte bourrasque et après avoir été contraint de relâcher vingt-quatre heures aux Baléares.

II

Alger

Les deux jours que le
Président passa au Palais d'Hiver
du Gouverneur général furent plus
que remplis, est-il besoin de le dire,
par les cérémonies et les excursions
diverses qui figuraient au programme :
revue des troupes, promenade en voiture
à travers les exploitations du Sahel, banquet au lycée, bal au palais de Mustapha,
tout cela s'enchaînant comme les tableaux

Alger. - Les grands chefs indigènes arrivant sur le terrain de la revue.

d'une pièce de théâtre avec à peine le temps
de baisser le rideau, c'est-à-dire de prendre
chaque soir — très tard — un repos bien
gagné.

Le clou — comme on dit — fut assu-
rément la revue. A Alger aussi bien qu'à
Paris, les clairons et les tambours électri-
sent la foule et l'entraînent sans peine aux
champs de manœuvre les plus lointains,
même entre huit et neuf heures du matin.

Celui de Mustapha n'est pas très éloi-
gné de la ville, mais l'accès n'en est point
aisé. Il est entouré par des routes coupées
de lignes de tramways. Le spectacle de la

Alger. - La mission marocaine.

foule se hâtant vers les tribunes n'en fut que plus pittoresque. La tribune présidentielle
était, aussi bien que les autres, bondée d'invités. L'heure matinale n'avait pas arrêté les

Alger. - Arrivée du Président de la République sur le terrain de la revue.

Alger.- Visite au Jardin d'essais.

dames, dont les fraîches toilettes étincelaient au soleil. Beaucoup d'entre elles s'étaient couchées fort tard la veille, après le bal de Mustapha : double mérite.

L'arrivée des troupes sur le terrain, le torrent des fiacres, omnibus, tapissières, automobiles, le tapage des musiques et l'étrange cantilène de la nouba des turcos, les états-majors des navires étrangers, et les aghas, et les bachagas enturbannés superbement, drapés dans leur burnous écarlates, et les ambassadeurs marocains, que le sultan Abdul-Aziz avait délégués politiquement au Président de la République, puisque le Président de la République venait visiter l'Algérie, limitrophe de ses territoires, et les gens du monde et les gens du peuple, courant coude à coude pour arriver plus vite, tout cela formait, dans la poussière brune de la côte algérienne, un amalgame bizarre et nouveau pour la plupart d'entre nous. Une odeur d'eucalyptus emplissait l'air, comme presque partout en Algérie dès qu'on approche d'un endroit habité. Le spectacle militaire fut superbe et le Président fut salué par d'incessantes ovations.

On pense bien que la matinée ne devait pas se terminer là. Elle y commençait. La revue finie, on conduisit M. Loubet au Jardin d'Essais, où il admira la flore algérienne et aussi les variétés de plantes continentales qu'on cherche à acclimater dans la colonie.

Après avoir traversé la ville, dont il eût voulu, sans

Alger. - Marché arabe.

doute, pouvoir visiter à son aise les coins curieux, comme le marché arabe, le Président fit en voiture une excursion des plus intéressantes aux cultures de ce Sahel, qui fait à la ville d'Alger comme une parure de verdure, chose si rare sur la terre d'Algérie.

Le soir, en sortant du banquet, les convives s'arrêtaient stupéfaits, émerveillés, devant le spectacle féerique que nous offrait la rade, avec ses cinquante navires illuminés de haut en bas, inondés de lumière électrique blanche et bleue.

Sur ce tableau inoubliable, le rideau dont il est parlé plus haut tomba enfin. Il fallait bien! Mais c'était bien autre chose! C'était un autre genre de fatigue qui com-

Alger. - Les illuminations. - Bassin de l'Amirauté.

mençait pour notre vénéré Président : les voyages en chemin de fer, après le voyage en mer, qui avait été plutôt houleux.

Il fallait voir avec quelle bonhomie souriante M. Loubet montait en wagon-lit, et avec quelle inaltérable belle humeur il en descendait. Pendant les dix jours que le voyage a duré, les photographes ont pu saisir le Président dans beaucoup de circonstances ; toutefois il faut bien dire que c'est plutôt dans les gares qu'on le trouvait : partir d'un point pour aller à un autre, passer en revue les vieux serviteurs des Compagnies, ici les fidèles employés de l'Est Algérien, que lui présentait M. Watel-Dehaynin, administrateur délégué, là ceux des lignes P.-L.-M., remettre aux plus dignes des médailles, leur adresser de bonnes paroles, puis finalement s'enfermer dans la voiture réservée au chef de l'État

Alger. - En route pour les centres de culture.

2

avec quelques amis : M. Fallières, M. Étienne, vice-président de la Chambre, député d'Oran, qui, pendant tout le voyage, a guidé le Président avec une inlassable bonne

humeur et une superbe santé, fumer là — faut-il le dire? disons-le — avant de se coucher, une bonne pipe bien culottée, et dormir ensuite du sommeil du juste jusqu'à ce que l'inexorable réveil sonnât, à l'aurore, pour le prochain arrêt à la petite gare de X...,

Retour à Alger.

où les notables seront si heureux de voir M. Loubet, de l'acclamer, de lui « toucher la main », disent les privilégiés... Voilà un programme aussi que nous avons vu exécuter sous nos yeux presque chaque jour pendant ces deux semaines. Que de gares! Que de départs! Que d'arrêts! Que d'arrivées! C'est le métier qui veut ça, dira-t-on? C'est égal, à l'âge de soixante-cinq ans que le Président Loubet commence à prendre, s'y astreindre, s'y dévouer sans réserve, mérite l'admiration de tous.

Alger.

M. Watel-Dehaynin, administrateur-délégué
de la Compagnie de l'Est Algérien,
présente le haut personnel de la Compagnie au Président de la République.

III

Oran

En voiture pour Oran !
Le Président est admirablement installé. Les invités, la
presse y comprise, se casent
de leur mieux dans les longs
wagons à plateformes, trans-
formés en dortoirs par la
Compagnie P.-L.-M. Un
léger incident, l'échauffement
d'un essieu, vient seul inter-

De gare en gare !

rompre le sommeil général à deux heures du matin. Au petit jour, apparaît le paysage
caractéristique du railway algérien... pendant un voyage
présidentiel : de cinq cents mètres en cinq cents mètres,
puis, aux approches des stations, de cent en cent mètres,
un Arabe apparaît le long de la voie. Tantôt c'est un sur-
veillant indigène au service de la Compagnie; tantôt c'est
un représentant de la police, planté là par prudence pour
écarter les malintentionnés. La police dit qu'il s'en trouve
toujours, même en Afrique, et je crois qu'elle a raison.

Le soleil étincelle; il est six heures. Saint-Denis-du-
Sig ! Vingt minutes d'arrêt, buffet ! Mais d'abord réception
originale.

M. Loubet, M. Fallières, qui pendant tout le voyage
fait preuve, lui aussi, d'une bonne humeur et
d'une résistance remarquables, M. Étienne, dont
la figure souriante fait plaisir à voir, les sénateurs,
les députés, les chroniqueurs du voyage, tout le
monde descend du train. Tout le monde est en
habit noir et en cravate blanche. Ceux-ci portent
sur la tête le cérémonieux tuyau de poêle, ceux-là
ont déjà arboré le casque colonial. Nous verrons
bientôt, quand on ira plus au sud, M. Loubet, le
consacrer avec le Parlement et l'Élysée, avec M. Mol-

Gardien de la voie.

lard lui-même, dépositaire jaloux des traditions, comme couvre-chef parfaitement protocolaire.

M. Loubet est frais et rose, comme s'il avait dormi dans un bon lit. Il sort de la petite gare de Saint-Denis-du-Sig pour passer en revue toute la population de la commune rangée en carré : le conseil municipal, les colons, les enfants des écoles, Français et Arabes, en de jolis costumes. Et des bouquets! que de bouquets!

Après le petit échange des discours le cortège se dirige vers la halle aux marchandises, où le chocolat est servi sur le pouce par les soins du P.-L.-M.

M. Loubet déguste ... sa tasse avec un appétit qui n'a d'égal que le nôtre, et ... l'on repart pour Oran.

Cette vision ... du Gouvernement sortant du wagon-lit pour porter la bonne parole et embrasser les petites filles est tout à fait bucolique. La plaine immense est piquetée de travailleurs indigènes qui s'arrêtent un instant dans leur labeur, regardent passer le *chimindifii* qui transporte le grand chef des Francs, puis reprennent tran-quillement l'ouvrage interrompu...

Oran! Nous voilà déjà loin d'Alger!

D'abord nous en sommes à sept cents kilomètres et puis Oran même, avec une population qui va compter bien-tôt cent mille habitants, reste une petite ville.

Son aspect n'a pas changé depuis vingt ans. On y voyait déjà des rues amorcées et entre ces rues de grands trous, au réel comme au figuré. Aujourd'hui, on y voit un peu plus de rues amorcées et un peu plus de trous, c'est toute la différence. La topo-graphie est un casse-tête. Ce ne sont que montées et descentes sur des parcours énormes.

La gare est à trois kilomètres des centres, car il y a deux centres, — hérésie géométrique, — un en haut, l'autre en bas.

L'aspect de la contrée est rocailleux, grisâtre, jaunâtre, pierreux, sans herbe, sans verdure, hélas! sans eau.

Mais le coup d'œil de la mer y est superbe. On le fait admirer au Président du haut d'une falaise de cent mètres, après quoi le cortège, précédé des chefs arabes, au nombre de soixante, toujours magnifiques dans les traditionnels burnous écarlates,

12

encadré par les chasseurs d'Afrique, s'est rendu au champ de courses, où trois cents cavaliers des douars de la région lui ont donné le spectacle superbe de la fantasia classique.

Un peu maigre comme nombre, mais on verra autre chose au Kreider, nous dit M. Varnier; c'est là que se concentrent toutes les troupes indigènes disponibles.

Le Président de la République, avant de se rendre au champ de courses, a tenu à visiter l'Hôpital d'Oran, qui est magnifiquement installé. Les autorités locales le conduisent à travers les salles, les jardins pleins de lumière et de fleurs, par les avenues bordées de palmiers et d'eucalyptus. Et M. Loubet a le mot aimable pour chacun, pour les malades, pour les sœurs, pour les médecins.

Saint-Denis-du-Sig.
Dans la cour de la gare.

Puis il repart à travers les rues noires de monde, pleines de vivats et de cris, et de mouchoirs agités, et d'acclamations espagnoles, car l'élément espagnol, sans cesse accru, joue à Oran un rôle qui devient inquiétant pour l'avenir, et du haut de la tribune de l'hippodrome il suit les extraordinaires fantasias des cavaliers arabes. Ceux-là s'en donnent-ils, à faire parler la poudre et à faire galoper leurs petits chevaux ! Ils passent comme des fous devant le public élégant qui les applaudit, usent leurs cartouches, lancent leurs canardières en l'air, les rattrapent au vol, tout cela, bien entendu, à toute allure. C'est merveilleux de gymnastique guerrière

Intérieur du wagon-salon
du Président.

et d'adresse. Le cortège présidentiel rentre à Oran où l'attend un grand banquet offert au Président par la municipalité

Vue d'Oran.

dans la salle des fêtes de l'Hôtel de Ville. Monument superbe, salle grandiose, fête cordiale et parfaite, ce qui surprit agréablement dans une ville divisée, la veille encore, par les querelles religieuses.

Cette pacification, fût-elle seulement temporaire, attire aux représentants oranais les félicitations de chacun, et M. Trouin, le député de la circonscription d'Oran-Ville, reçoit de tous les voyageurs un compliment amical. Il reporte le mérite de cette trêve sur tous ceux qui en ont été les bons ouvriers, dans l'administration aussi bien que dans la municipalité. Et l'on s'endort satisfait, après une journée excellente, que les pronostiqueurs avaient indiquée comme la plus houleuse du voyage transméditerranéen...

L'aube se lève, M. Loubet aussi. Et tout aussi frais que la veille, le Président se rend à la gare où l'attend la locomotive pavoisée : en route pour Perrégaux, Sidi-Bel-Abbès et Tlemcen !

M. Varnier,
gouverneur par intérim.

14

IV

Tlemcen

Le 18 avril le train pré-
sidentiel partait d'Oran à
huit heures, par un temps
qui d'un bout à l'autre de
ce voyage, fut à peu près
égal : vent et soleil. M. Loubet était debout depuis longtemps, suivant son habitude.

Oran. - Devant la gare.
L'escorte des chefs arabes.

C'est en cette journée mémorable que le Président de la République échangea le
noir tuyau de poêle contre le casque colonial, éclatant de blancheur. Le phénomène
s'accomplit à Sidi-Bel-Abbès, où nous fîmes une halte de quelques heures. — Halte
charmante.

Oran. - Sur le passage du cortège officiel.

Sidi-Bel-Abbès compte
26.000 habitants. C'est un
centre de colonisation sans
cesse grandissant, entouré de
champs de blé à perte de vue.
Aussi l'appelle-t-on le grenier
de l'Oranie. Après les plaines
sèches et souvent arides que
nous a montrées l'itinéraire
côtier, entre le Sahel et Oran,
nous avons enfin revu un peu
de verdure, beaucoup même.
Il y a, dans les murs crénelés
de Sidi-Bel-Abbès et tout aux
environs, de la vigne, des

asperges, des ormes superbes, comme en France, et qui déjà vous ont des proportions.
Il y a aussi la salle d'honneur de la légion étrangère, où M. Loubet a trouvé, comme
toujours, d'excellentes paroles pour répondre à un historique ému et touchant, très bien
exposé par le lieutenant-colonel du 1er régiment.

Vraiment, le pittoresque a commencé là. Il ira en s'accentuant à Tlemcen, la Mecque
algérienne, où la note arabe est intense, comme la poussière y est pleine de couleur.

Il n'a pas manqué non plus à la halle aux marchandises de la gare de Sidi-Bel-Abbès ! que la Compagnie de l'Ouest Algérien avait fait décorer superbement et où un déjeuner exquis fut servi au Président ainsi

Oran. - Visite à l'hôpital.

qu'à ses invités, par Potel et Chabot. A Sidi-Bel-Abbès Excusez du peu ! Un maître d'hôtel venu de Paris avec la truite saumonée, le chapon de la Bresse et le foie gras Lucullus en était tout surpris.

De cette journée passée toute en chemin de fer, à travers les hauts plateaux autrement cultivés que la côte oranaise, le Président a pu retenir qu'il y a en Algérie de la verdure et de l'eau par places. La délicieuse cascade de l'Oued Meffrouch qu'on aperçoit du chemin de fer à quelques kilomètres de Tlemcen, a fait pousser à tout le train présidentiel des cris d'admiration.

Nous avons toujours pensé que la première chose dont l'Algérie a grand besoin, c'est l'eau. Il n'est pas possible que son sol, si desséché qu'il apparaisse, n'en contienne pas en grande quantité. Le tout est de la faire sourdre aux bons endroits. Pour cela, certes, il faut encore beaucoup d'argent ; mais ne pourrait-on concentrer tous les efforts pendant quelques années vers ce but principal et à côté du gouverneur donner à la colonie un hydrologue ?

Voici que la journée s'avance, que le train s'approche de la ville mystérieuse de Tlemcen la Sainte, où l'on va se reposer un jour franc — le premier dimanche de la quinzaine voyageuse.

Et nous voilà bientôt arrivés en gare. Tlemcen, tout le monde descend ! La ville est sur une butte, la gare est au pied. Il faut parcourir une route assez longue, montante et pénible pour pénétrer dans la vieille enceinte de pierre

Oran. - A l'hôpital.

qui enserre encore la petite forteresse aux innombrables terrasses. Le coup d'œil de l'arrivée est d'un
pittoresque achevé. Le général Dubois et M. Abel
Combarieu qui accompagnent constamment le Président, sont émerveillés de ce spectacle
délicieux : la ville peuplée presque
exclusivement d'Arabes, est tout
entière groupée dans les rues, le
long des trottoirs, derrière les soldats qui font la haie, et sur les
fameuses terrasses. Oh! ces terrasses, brûlées par un soleil de feu
qui se hâtera de disparaître le lendemain, elles sont bondées de moukères, de dames
des harems de toute classe et de toute hiérarchie, qui

L'hippodrome d'Oran.
La tribune officielle.

au passage du Président poussent des cris de chouette stridents, en signe de joie : you,
you, you... Surpris d'abord par ce concert, les chefs des maisons civile et militaire de
M. Loubet se mettent à rire de bon cœur, comme nous tous, devant ce concert

Oran. — Visite au belvédère.
MM. Loubet et Étienne.

inattendu. M. Étienne qui est
là chez lui, car c'est à Tlemcen
qu'il est né, donne à M. Loubet
des explications sur la topogra-
phie de la ville, sur la proximité du Maroc, qui commence
à soixante kilomètres de là. Et
tout le monde a l'air enchanté.
Les drapeaux sont innombrables, la joie populaire est complète. Les indigènes, si sobres
de manifestations par habitude,
font de grands gestes et poussent même des cris : *Vive Lou-
béttt!*... Et, dans chaque voiture
qui s'avance, escortée des chasseurs d'Afrique, entre deux
haies interminables de curieux,
sous les arcs de triomphe de

palmes et de branchages, on entrevoit la satisfaction de tous. Tlemcen est l'étape joyeuse
qui marquera le premier repos. Le grand dommage qu'il ait plu le lendemain. toute la
journée, au point qu'on se serait cru à Pauillac ou à Landerneau !

Le soir, au banquet de la municipalité, le grand succès, — et c'était justice, — fut pour M. Étienne, qui, dans un speech sincèrement ému, conta au Président de la République et aux invités qui se trouvaient là plusieurs centaines, ses débuts dans la vie politique, la carrière modeste de son père, officier de la garnison tlemcennoise, son départ pour Paris, et tout ce qui s'ensuivit d'heureux, pour lui-même autant que pour la République, dont le

Oran.
Défilé des Arabes devant la tribune officielle.

vice-président de la Chambre est l'un des plus dévoués, disons des plus jaloux serviteurs.

Hélas ! Comme il plut le lendemain dimanche ! Comme il plut ! Le Président, infatigable, n'en quitta pas moins la Sous-Préfecture à 10 heures pour aller visiter les Écoles et, à quelques kilomètres de Tlemcen, le fameux village de Sidi-bou-Médine, où se trouve le plus célèbre des Marabouts. Il vit aussi les jeunes élèves mauresques de l'École des Tapis et les ruines de Mansourah, tout cela dans une brume opaque, il faut bien le dire, et avec l'averse sur le dos. Puis le chef de l'État eut enfin le loisir de fumer sa pipe, tranquille pendant tout l'après-midi. Repos complet jusqu'au lendemain matin.

Oran. - La fantasia arabe.

Le ciel, heureusement pour nous, s'éclaircit vers le soir, et les bals champêtres qui s'organisèrent sur divers points de la petite ville nous permirent d'admirer la grâce des jeunes Espagnoles, beaucoup plus nombreuses à Tlemcen que les Françaises...

Et c'est en regardant ces jeunes Espagnoles danser la *jota* que nous apprîmes d'un Algérien bien documenté ce que notre séjour à Oran nous avait fait entrevoir : le danger

Oran.
Sur l'hippodrome.

La fantasia arabe
vue des tribunes.

croissant de l'immigration espagnole. Certes, ce ne sont pas les señoras qui sont dangereuses, ce sont les señors. Et, après tout, les señoras aussi, puisque sans señoras pas de señors. Ceci n'est pas une boutade, nous disait notre Algérien tout mélancolique ; c'est une effarante réalité. Et si la loi sur la naturalisation automatique des étrangers n'est pas modifiée avant les élections de 1906, par exemple, vous verrez le département d'Oran envoyer à la Chambre française des députés espagnols. Au surplus, cette démonstration par l'absurde sera peut-être nécessaire ; il en est trop souvent ainsi chez nous. Il faudra qu'un señor Pablo Fuentès, Escamillo Gomez ou Juan Battista Calderon ait été élu député français à Oran, pour que les députés français comprennent que la loi actuellement en vigueur conquiert purement et simplement l'Algérie occidentale à l'Espagne, en attendant que ce soit Alger et

M. Camille Pelletan,
ministre de la Marine.

son département. Par quelle combinaison malheureuse un état de choses aussi inquiétant a-t-il pu être créé ?

Par une étourderie, simplement.

Lorsque le Parlement refit, en 1889, une loi sur la naturalisation, il établit que l'étranger résidant en France

M. Trouin,
député d'Oran.

acquiert automatiquement la naturalisation française par le fait seul de sa naissance sur le territoire français, sauf pour lui à se prononcer définitivement à l'heure du service militaire.

En France, cette absorption annuelle d'un million d'étrangers par trente-sept millions de Français n'a aucune importance. Mais en Algérie, où l'immigration espagnole est considérable et constante, il eût fallu, semble-t-il, d'autres dispositifs. On ne songea pas à les rechercher, et le rapporteur de la loi du Sénat, M. Antonin Dubost, inscrivit même au dernier moment, paraît-il, cette mention qui n'a l'air de rien :

Les dispositions de cette loi sont applicables à l'Algérie...

Ce n'est que deux lignes, n'est-ce pas ? Il faut voir où ça conduit.

Les Espagnols qui, de Carthagène, descendent par milliers chaque année chercher du travail et du bien-être en Algérie se divisent en deux catégories : les immigrants temporaires, ouvriers de moisson, de vendange, qui raflent l'argent de la colonie et l'emportent chez eux, la saison faite, et les immigrants définitifs, Espagnols malheureux comme les pierres de leur péninsule, qui sont certains de vivre mieux chez nous. Ceux-ci sont aujourd'hui, en chiffres ronds, *cent cinquante mille* dans la seule province d'Oran, pour *quatre-vingt-dix-sept mille* Français et *quatorze mille* Juifs. Considérez ces chiffres. Dans la province

De Sidi-bel-Abbès à Tlemcen. - Cascade de l'Oued Meffrouch.

d'Alger, où la tache d'huile ne s'est fait sentir que plus tard, quand les terres d'Oran ont commencé à être saturées d'Ibères, il n'y a que cinquante mille Espagnols pour cent dix-huit mille Français et douze mille Juifs.

Tlemcen.
Arrivée du Président à la gare.

Voilà donc un département français, celui d'Oran, où l'on compte en moyenne trois Espagnols contre deux Français; bien entendu, la proportion n'est pas égale partout et il est des villes agricoles, comme Sidi-bel-Abbès, où la proportion est pire : deux Français, quatre Espagnols.

Il n'y aurait là rien de mal, sans la malencontreuse loi dont il s'agit.

Nous n'avons pas en France de ces populations de roulement comme en possèdent l'Italie et l'Espagne, populations prolifiques qui accomplissent leur destinée sur terre,

Vue de Tlemcen.

en « peuplant » des territoires vides d'habitants; force nous est donc de les accueillir, ces populations d'indispensable appoint. Nous les employons à travailler nos champs. Elles sont sobres, laborieuses, désireuses de bien faire. Rien de mieux que de les laisser vivre parmi nous, sur notre sol, sous la protection de nos lois et de les utiliser à cultiver cette terre d'Algérie dont la race indigène, décidément, ne pourra ni ne voudra jamais rien faire à moins que des siècles n'aient passé, et nous n'avons pas le temps de les attendre.

Accueillons donc les Espagnols qui viennent en masse chercher du travail en Algérie, puisque nous n'avons pas de travailleurs autochtones ou français à leur opposer en nombre. La proximité de l'Espagne indique, au reste, que les choses ne pourraient se passer autrement du jour où l'exploitation pacifique de l'Algérie succéderait à la conquête militaire.

Mais si nous devons accueillir les Espagnols et les associer à notre vie, n'allons pas jusqu'à les déclarer Français malgré eux.

Avec l'application de la loi de 1889, il arrive que nous les naturalisons déjà de

Tlemcen.

Femmes mauresques

sur le

passage du cortège officiel.

Tlemcen. - Le cortège officiel

force, alors même qu'ils ne s'en soucieraient pas. Ils deviennent ainsi, pour la plupart, des Français qui. tout en étant Français de droit, demeurent, et cela s'explique, Espagnols de cœur.

On connaît le distique de Meilhac et Halévy, dans les *Brigands*, distique que la
musique d'Offenbach a rendu célèbre :

Tlemcen.
Place du marché.

Y a des gens qui se disent Espagnols
Et qui n'sont pas du tout Espagnols.

Tout arrive. Cet apophtegme drolatique devait se justifier un jour dans la province d'Oran. Les Espagnols naturalisés automatiquement, c'est-à-dire par le seul fait de leur naissance en Algérie, sont Français sur le papier, mais de cœur restent profondément Espagnols. Alors, que se passe-t-il ?

C'est bien simple. Après avoir eu, dans Oran, leur quartier, puis leurs quartiers, leurs magasins, leurs curés, les Espagnols, se disséminant par vagues d'immigrants dans tout le pays, ont maintenant leurs communes, leurs conseils municipaux, leurs municipalités. Il y a, en Algérie, des maires espagnols, dont les conseils pourraient s'appeler des juntes et qui sont parfaitement incapables de rédiger en français les actes de l'état civil. Au moment des élections, tout ce monde s'agite à l'espagnole et signe en espagnol des proclamations, des adresses, des appels, tout ce qui concerne la littérature électorale. S'ils étaient restés Espagnols, encore une fois, tout ce déploiement de couleur natale constituerait une simple originalité ; ils n'auraient point, au surplus, à s'occuper de nos affaires. Mais tous ces Espagnols sont Français, depuis la nouvelle loi, et ils votent, et ils vont voter demain pour des candidats dont

Tlemcen. - Les femmes arabes
sur les terrasses des maisons.

l'origine sera la même que la leur : espagnole. Alors?... Ne sera-t-il pas un peu fort de lire sur les murs d'Oran des appels aux urnes rédigés en espagnol, où l'on recommandera la candidature de Pedro, de Pablo, ou de

Juan Battista, Français de naissance, Français de par la loi, mais restés Espagnols comme leurs parents? On se dira alors que ce n'était pas la peine de guerroyer soixante ans contre les Arabes pour en arriver là.

Cette situation bizarre et vraiment abusive des Espagnols en Algérie se complique d'un détail curieux lorsqu'arrive le moment de satisfaire à la loi du recrutement. En Algérie, le service obligatoire n'est que d'un an. Il faut, bien entendu, y justifier ensuite de dix années de séjour. Les néo-Français n'ont donc qu'un an de service à faire dans nos corps de troupes, qui sont devenus les leurs, puisque eux-mêmes sont devenus nos égaux à tous les titres. Mais supposons qu'un de ces néo-Français déclare à vingt ans qu'il ne veut plus être Français, qu'il veut redevenir Espagnol et reconquérir la nationalité de ses père et mère? Rien de plus simple. Sur sa réclamation, l'état-civil lui restituera sa nationalité atavique. Il aura été Français vingt ans, et, à vingt ans, il cessera de l'être.

Et alors, le comble de l'invraisemblable! il restera en Algérie comme Espagnol, au lieu d'y rester comme Français. L'Espagne lui réclamera donc son service obligatoire, qui est d'un an aussi? Mais, au lieu d'aller porter le fusil à Madrid ou à Barcelone, le jeune néo-Français ci-devant, redevenu Espagnol par sa seule volonté fera, s'il lui plaît, son année de service dans nos corps de troupe, car il y a là-dessus une convention avec l'Espagne qui autorise les Espagnols à faire leur service en Algérie et réciproquement les Français d'Algérie à faire leur service en Espagne. Chaque année, trois ou quatre Français d'Algérie font ainsi leur année dans l'armée espagnole; c'est par milliers que les Espagnols demeurés Espagnols font leur service dans nos régiments.

La surprise est grande quand on nous dit : Vous voyez ces zouaves qui font la haie

Tlemcen. - La ville.

Femmes kabyles et leurs enfants.

Tlemcen.
La population sur le passage
du cortège.

sur le passage du Président? Eh bien, là-dedans, il y a des Espagnols qui sont devenus Français, il y en a aussi beaucoup qui .sont restés Espagnols... Ce détail a beaucoup frappé M. Loubet. Il y avait de quoi.

Les Espagnols ne diront pas qu'ils ne sont pas gâtés par nous... Ils le sont trop. Certes, leur appoint est utile, nécessaire, indispensable. Il faut tâcher de les souder aux populations franco-algériennes par la naturalisation, mais il importe que cette naturalisation leur soit octroyée prudemment, à petite dose, avec des garanties qui pourraient nous assurer leur concours sans nous imposer leurs bulletins de vote, sous lesquels ceux de nos colons vont être impitoyablement noyés, si la loi n'est pas modifiée à bref délai. Bien entendu, cette thèse a ses adversaires, lesquels vous disent qu'il n'y a qu'à marcher de l'avant, que l'Algérie, même espagnolisée, ne pourra jamais s'insurger contre nous. Croyons, avec beaucoup de gens ren-

M. Mollard,
directeur du protocole.

M. A. Combarieu,
secrétaire général
de la présidence.

Général Dubois,
chef de la Maison militaire
du Président.

seignés, que c'est là une doctrine dangereuse, que l'invasion espagnole en Algérie va sans cesse grandissant, qu'elle a complètement submergé la population arabe, qu'elle tend à submerger la population française et que, si l'on n'y met ordre au plus tôt par une modification de la loi sur les naturalisations, le département d'Oran, pour commencer, sera aux mains de l'Espagne avant quelques années.

Voilà l'un des points noirs de la question algérienne. Il y en a ainsi quelques autres;

malheureusement ils ne nous attachent, nous, que
parce que nous sommes sur place et que nous les
voyons de près pendant quinze
jours. La métropole s'en soucie
peu, parce qu'elle connaît peu
l'Algérie. Tout est là : voir
de près, se renseigner. On a
plaisanté les députés non-
algériens qui voulaient venir.
On a eu tort. Il eût fallu au
besoin en tirer trente-trois au
sort et les contraindre au
voyage de M. Loubet. Quoi
qu'on puisse penser de cette

Tlemcen.
Ruines de Mansourah.

dépense nouvelle, on en eût retrouvé largement le centuple par le seul fait que ces
honorables eussent été mis en contact direct avec un pays
vraiment digne de sollicitude et d'encouragements, où
l'heure semble arrivée de prendre des résolutions éner-
giques, d'appliquer des réformes sérieuses,
radicales, si l'on ne veut pas que le fruit
de tant d'efforts de toute sorte, renouvelés
depuis soixante-treize ans, soit perdu à
tout jamais.....

Vous voyez ce qu'on gagne à regar-
der danser sur le plateau de Tlemcen,
la *jota aragonese,* par les jeunes
Espagnoles immigrées en Algérie
ou nées sur le territoire oranais.

— Arrachons-nous à ces considé-
rations démographiques, dit quelqu'un. Nous les reprendrons
en temps et lieu. Courons à d'autres
plaisirs.

Heu ! heu ! à Tlemcen,
les plaisirs sont rares.

Malgré tout, il faut
bien s'imprégner d'un brin
de couleur locale. C'est à
quoi avait pensé l'aimable
sous-préfet de la ville en
organisant une petite soirée au café

Tlemcen. - Café arabe.

Tlemcen. - Pour voir le président.

26

maure, histoire de montrer à ses hôtes
un coin de la vie arabe.

Donc, vers 9 heures, ce soir,
nous quittâmes le bal en plein air.
Le seul et unique café maure un
peu propre de Tlemcen devait
être visité par une société d'élite
comme il n'en avait jamais vu et
comme il n'en reverra
probablement jamais.

Les indigènes avaient
été consignés à la porte,
où ils formaient un demi-
cercle attentif et silencieux.
A l'intérieur, l'impresario
avait sorti ses plus belles

Tlemcen. - A l'École professionnelle de tapis
Jeunes filles mauresques.

étoffes, ses candélabres de gala et accroché au mur un portrait en alfa de M. Loubet,
avec cette inscription : *Les Arabes reconnaissants à M. Loubet. Vive la République!*

L'orchestre de darboukas et de tambourins (zim-boum-boum-badaboum) avait été
renforcé pour la circonstance et, dans une salle absolument nettoyée, au milieu des

Tlemcen. - Visite au marabout vénéré Si-Yakoub.

narghilehs et des bouquets de fleurs, M. Fallières, M. Delcassé, M. Trouin, le colonel
Fraysse, le commandant Reibell, les chefs de cabinet et quelques autres personnes de
marque firent leur entrée dans le grand bar de Tlemcen.

Bien entendu, les chroniqueurs du voyage, enfants terribles de la tournée, étaient
de la fête. Nous étions bientôt assis derrière les gros bonnets.

Signe particulier : tous ces messieurs portaient le chapeau mou, boer ou tyrolién, pour bien indiquer, je pense, que ce déplacement musical et chorégraphique n'avait rien d'officiel ni même d'officieux. M. Delcassé, très grave, soucieux presque, semblait rêver au moyen de dénouer par le charme (?) de la musique arabe l'insupportable question d'Orient. On accorde les darboukas et les tambourins. Sept hommes sont accroupis et trois moukhères peinturlurées de jaune, de rouge et de bleu se préparent à joindre leurs miaulements cadencés au grincement des instruments à

Tlemcen.
La ville.

cordes. Le protocole n'a rien à faire ici et pourtant, bien que les visiteurs de marque soient assis depuis quelques minutes, ni la danse du ventre ni la musique ne commencent. Alors fut dit un mot exquis.

— Qu'attendez-vous? demande quelqu'un au patron de l'établissement.

— Excellence, répond le tenancier enturbanné en faisant une révérence et en portant la main sur son cœur, on attend que le Président de la République soit arrivé.

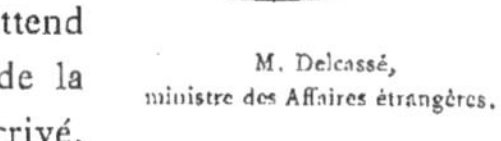

M. Delcassé,
ministre des Affaires étrangères.

— Allez toujours, dit avec un bon rire M. Fallières au milieu de la joie générale.

Et pendant vingt minutes, les spectateurs éminents donnèrent un témoignage d'estime à la musique arabe en écoutant patiemment les mélopées interminables, en suivant d'un œil complaisant la danse du ventre des moukhères,

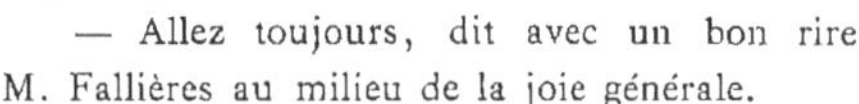

piteux tableaux que les expositions universelles ont depuis longtemps bien usés chez nous. .

Avec une politesse exquise, ces messieurs attendirent la fin de la deuxième variation pour grosses femmes tournoyantes, et chacun s'en alla coucher.

Voilà comment on peut passer une soirée à Tlemcen.

Un train présidentiel en Afrique.

V

Le Kreider

Et maintenant M. Loubet va se mettre en route pour le Sud, où le plus éclatant spectacle militaire l'attend. Mais il faut auparavant faire machine en arrière, revenir à la ligne côtière d'Oran à Alger, la suivre jusqu'à Perrégaux et, là, changer de train, changer de gare, changer de réseau, emprunter jusqu'au bout la voie plus modeste des Chemins de fer de l'Ouest-Algérien, qui conduisent là-haut, tout là-haut, au milieu de la mer d'alfa.

Avant d'arriver à Perrégaux, le train présidentiel fait halte à Sainte-Barbe-du-Trélat. Charmante et paternelle entrevue entre le Président et la population de la petite ville; revue des chefs indigènes et des enfants porteurs de fleurs en bouquets, en bottes, en gerbes.

Ces stations de M. Loubet au milieu de la marmaille enrubannée, battant des mains, tout égosillée à crier : Vive la République! Vive Loubet! font la joie de notre voyage. Nous sommes réveillés çà et là du sommeil qui s'empare, en chemin de fer, des plus robustes, par le gazouillement de ces gentils oiseaux, auquel succèdent les notes bruyantes des fanfares.

Sidi-Boumédine. – Femmes et enfants indigènes attendent le cortège officiel.

A Perrégaux, banquet superbe, offert par la Compagnie P.-L. M. Après les toasts de rigueur, échangés entre M. Dervillé, président du conseil d'administration de la

Compagnie, et le chef de l'État, la caravane présidentielle se met en route pour le Sud-Oranais. Et, vers le soir, nous sommes tout de même à Saïda, c'est-à-dire à 170 kilomètres de la Méditerranée, à 1.700 kilomètres environ de l'Élysée. On s'habitue à tout.

Sidi-Boumédine.

Une halte intéressante a été celle de Mascara, dont la population presque tout entière est venue saluer le Président devant la gare. Pauvre gare! Pauvre Mascara! C'est une anomalie vraiment curieuse! La ville est à portée de canon. On la voit parfaitement, toute blanche, se dessiner au loin, dans un pli de montagne. Un petit chemin de fer de raccordement permet au voyageur de s'y rendre autrement qu'à pied. Pourquoi ce crochet de la voie ferrée? Pourquoi la ligne des plateaux, lorsqu'elle fut construite, ne vint-elle pas desservir Mascara? Les villes étaient pourtant rares sur le parcours de pareilles solitudes, et les ingénieurs devaient être bien aises d'en rencontrer une.

On dit que, tels les Alençonnais il y a soixante ans, lorsqu'ils refusèrent la ligne directe de Paris en Bretagne, les Mascaréens déclinèrent l'honneur de posséder la gare qu'on leur offrait... et que, par dépit, les constructeurs de la voie ferrée plantèrent leur station dans le sable à 7 kilomètres de Mascara...

Sidi-Boumédine. - Un coin du village.

Quoi qu'il en soit, il a fallu réparer cette erreur tant bien que mal, construire une voie de raccordement, qui nous a, aujourd'hui, amené, nous venons de le dire, la ville entière. Et elle acclame M. Loubet d'aussi bon cœur que s'il avait fait un détour pour aller visiter Mascara.

Un vieux colon nous dit, derrière son chapeau :

— Tout de même, si le chemin de fer avait passé chez nous, nous
L'AURIONS EU...

Et il nous montre
le Président.

Très exact.
Qu'y faire? Il
est trop tard. Il
n'y a plus qu'à
se consoler de
son mieux en
regrettant les er-
reurs du passé.
Halte d'un
instant à Tizi,
halte ici, halte
là, puis c'est
Saïda, la ville que les visiteurs du Sud-Oranais
ont connue village il y a vingt ans. Aujourd'hui, elle

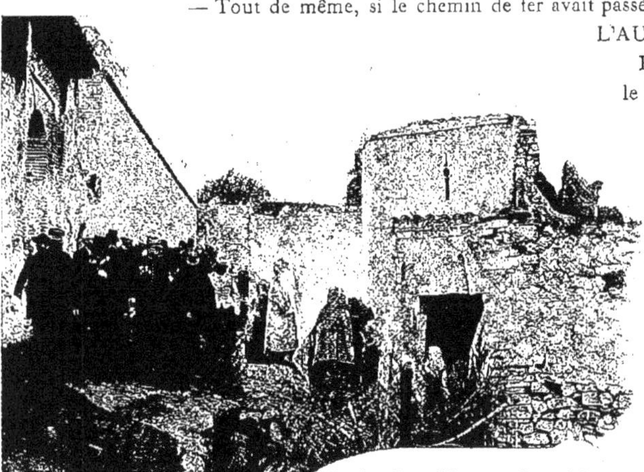
Sidi-Boumédine. – Le cortège officiel.

a des rues, des boulevards, un hôtel de ville superbe.
M. Loubet a dîné en musique. La légion étrangère possède deux excellentes musiques
d'harmonie, avec des instruments à cordes qui sont maniés par des virtuoses. Sous la
tente où l'on dîna, des chœurs s'ajoutèrent aux instrumentistes et donnèrent à cette
soirée le caractère d'un concert dînatoire ou d'un dîner concertant.

Mais chacun
gagne son lit de
bonne heure, car
il faut être levé
avec le soleil le
lendemain, pour
prendre le train
de la revue, celui
qui va nous hisser
jusqu'au Kreider.
Dès six heures du

Laboureur indigène.

matin, nous avançons vers le désert à raison de 35 kilomètres à l'heure.

M. Loubet a sous les yeux un spectacle dont on pourrait dire que la monotonie
n'exclut pas la grandeur. La plaine, encore la plaine, toujours la plaine, fertile d'abord
jusqu'à 50 kilomètres de Saïda, puis désolée après Kralfallah, bouquetée de thym sauvage et d'alfa.

A Sainte-Barbe-du-Trélat.

Après avoir marqué 1.109 mètres, l'altitude diminue, la voie redescend doucement vers les chotts et le Kreider.

Singulier tableau que celui de cette immense solitude, piquée çà et là d'une métairie crénelée, d'une gare construite en fortin, avec des meurtrières, ou d'une kouba dont le toit cimenté en forme d'œuf étincelle au soleil.

Après avoir brillé dans un ciel pur, le soleil, précisément, se voile de nuages légers et toujours le long de la voie, mais de moins en moins fréquents, les Arabes isolés, à cheval, le fusil en travers de la selle, surveillent la voie, font au Président le salut militaire ou étendent un brassard rouge sur lequel sont imprimés deux mots : « Vive Loubet ! »

A Modzbah, la petite gare est occupée par vingt cavaliers arabes. Un clairon d'infanterie sonne aux champs.

Peu après, à 8 h. 14 m. exactement, les voyageurs du train présidentiel aperçoivent le frère bossu qui n'a pas besoin d'eau, ni d'huile : le chameau.

Nous voilà en plein dans cette mer d'alfa qui mesure plus de 300 kilomètres et qui va jusqu'aux frontières du Maroc.

C'est là qu'il y a vingt-deux ans le fameux Bou Amama massacrait les travailleurs espagnols dont les équipes décimées se repliaient vers Saïda.

Aux effets curieux du mirage que nous verrions plus intenses si le ciel était plus pur, vient s'ajouter celui des caravanes de chameaux, qui de tous les points de l'horizon convergent vers le Kreider. On dirait des bandes de corbeaux en marche. Nous comparons cette revue à celle de Longchamp. C'est le Longchamp du désert.

Voici des tentes déjà nombreuses où campent depuis plusieurs jours les tribus venues de tous les points de l'Algérie pour assister à la grande fête

Sainte-Barbe-du-Trélat. – Réception des indigènes.

5

militaire. Nombreux aussi
sont les cavaliers qui coupent
la steppe à l'horizon, galopant
vers le but unique : le Kreider.

Au loin, à 150 kilomètres
dans le sud, on aperçoit les
montagnes de Géryville. Partout
ailleurs, c'est l'horizon
plat à l'infini, avec le mirage
partout répété. On croit apercevoir
des lagunes et il n'y a
rien que le sable toujours
bouqueté de thym sauvage.

Enfin, voici le Kreider,
qui ne s'appellera peut-être

Sainte-Barbe-du-Trélat. — Devant la gare.

plus le Kreider longtemps, car on doit proposer pour ce point stratégique un nom
nouveau, celui du commandant Mirauchaux, qui a organisé toute la région il y a vingt-
cinq ans. Peut-être serait-il préférable de chercher quelque autre point pour immor-
taliser le nom du colonel et de laisser au Kreider celui qu'il porte depuis des années ?

Sainte-Barbe-du-Trélat.
Devant la gare.

Le train
stoppe en
pleine step-
pe à l'heure
fixée et le
tableau s'o-
rientalise de
plus en plus.
Devant M. Lou-
bet, descendu du
train et reçu par
les généraux, se
développe la pe-
tite armée de dix
mille hommes
réunie pour la
circonstance ; de
tous les côtés, on

entend des fanfares, des musiques, des noubas et le
canon. Sans discours, sans délai, la revue commence et nous sommes au milieu d'un
camp, à 5 kilomètres du village. Il n'y a ici que des tentes grandes et petites, tentes

indigènes à grandes rayures noires et blanches, ornées de tapis,
soutenues par des pieux enve-
loppés d'étoffe, et petites tentes
réglementaires de l'armée en forme de petits pavillons.

Pour accéder à la tente de
belle dimension réservée au chef
de l'État, on défile avec l'état-
major, entre deux haies de grands
chefs arabes, chacun d'eux tenant par la bride
son cheval orné d'une magnifique selle.

On pénètre sous la tente présidentielle : l'obscurité y est presque
complète; par contre, le soleil et le sable forment sur le devant une aveuglante réverbé-
ration. La caractéristique de cette tribune présiden-
tielle, qui n'est pas une tribune, c'est qu'il n'y a
personne autour, ni même dedans. Les assistants se
composent de la suite stricte du Président.

Pas de public. A peine cent personnes venues
des environs, si le mot peut être employé pour des
localités lointaines.

Et alors c'est un tableau superbe d'Horace Ver-
net ou de Fromentin. Tout ce que la peinture des
maîtres orientalistes nous a retracé sur la toile, nous
l'avons sous les yeux : chasseurs d'Afrique, légion-
naires, zouaves, tirailleurs, goumiers.

Ceux-ci sont au nombre
de cinq mille, comman-
dés par leurs caïds
et par des officiers
de chez nous.
L'ensemble
du défilé est
magnifique,
dans ce dé-

Petrégaux. - Sortie de la salle du banquet.

cor inoubliable. La malencontreuse poussière en
gâte, il faut le reconnaître, la moitié, car la plupart des troupes défilent dans un nuage épais qui
trouble fort les trente-huit photographes en arrêt
devant les escadrons.

35

A la suite de la revue, où chaque drapeau a été salué suivant l'usage, la fête indigène a pris son tour. Nous avons vu arriver, après des fantasias sans nombre, une caravane de chameaux chargés de leurs palanquins ou bassours, dans lesquels étaient censément logées les beautés d'un douar. La caravane est attaquée par des pillards.

Pif! Paf! Poum!

La poudre parle et les chameaux sont capturés avec toutes ces dames, et, comme par enchantement, une douzaine de danseuses de la tribu des Ouled Nail, ayant

Colonie de Mascara.

pour coryphée la « célèbre » Embarqua, que nous ignorions encore tout à l'heure, viennent, dans une danse du ventre assez discrète et ma foi pas trop vulgaire, se tortiller devant M. Loubet et ses invités. Douze tambourins et douze clarinettes font un tapage du diable.

A ce moment-là, il est midi. Le spectacle est tout à fait pittoresque.

A Mascara. – Le cortège officiel

A la danse des almées va succéder la chasse au faucon. M. Loubet accepte avec son bon sourire tous ces hommages d'une société bien rudimentaire, et depuis trois heures d'horloge il n'a pas bronché. Toutes les coutumes de l'Islam vont lui être servies l'une après l'autre. En effet, nous voyons arriver, superbe comme ils le sont tous sur leurs magnifiques chevaux, le caïd Belkassem tout chamarré, tout de soie vêtu : il porte sur le poing le faucon chasseur.

Saïda. - Hôtel de Ville.

Ses goumiers, qui le suivent, ont chacun un oiseau sur la tête, et après le salut au Président le groupe prend du champ pour lâcher un premier lièvre. Nous voyons le pauvre arriver vers nous à trois reprises différentes, comme s'il fuyait la barbarie pour demander refuge à la civilisation. D'un coup d'aile, le faucon ne tarde pas à lui tomber dessus. On croit qu'il n'a fait que l'effleurer de son bec, alors que d'un coup de griffe il l'a tué net. Le lièvre tombe, se débat : il est mort.

Cette expérience, répétée sur deux ou trois léporides sahariens, dont la couleur et l'exiguïté sont, entre parenthèses, d'un parfait comique, n'a pas manqué de provoquer les petits cris des dames venues de si loin pour assister à la fête, et même de certains de nos législateurs, doux philosophes ! M. Loubet, plus stoïque, n'a rien dit. Il est chasseur et dans les tirés de Marly sa sensibilité en a vu bien d'autres.

On passe à la charge finale, partie du fond du

Au Kreider.

Au Kreider. - Avant la revue.

camp et dirigée vers la tente présidentielle. Cinq mille cavaliers des goums et huit cents chasseurs d'Afrique ! Vous voyez d'ici le spectacle à Longchamp, dans les arbres verts et sur l'herbe fleurie ; mais, au Kreider, c'est plus simple, on n'a rien vu au bout de cent mètres de galop. Le torrent des guerriers a bien vite disparu dans l'intolérable nuage de poussière qui gâte ici toute chose.

Midi et demi : voici enfin l'heure de la diffa.

Ah ! la diffa, c'est le clou du voyage, d'abord parce que personne ou presque per-

Au Kreider. — La remise des décorations.

sonne ne sait exactement ce que c'est, ensuite parce que tout le monde sait qu'on doit y servir du chameau. Manger du chameau, perspective rare, ma foi ! Chameau à part, j'avoue que ce fut bien le clou du voyage.

Sous une tente aussi vaste que celle d'où le Président a suivi la revue, sous une grande tente dont on s'obstine à laisser les deux extrémités ouvertes, ce qui met le chef de l'État pendant une heure et demie dans un courant d'air dangereux, des tables sont dressées, recouvertes de ces étoffes rayées rouge, blanc et jaune, comme on en voit partout en Algérie. Nos compatriotes

Au Kreider. — Le salut au Président.

les achètent de confiance comme provenant de Tombouctou. Je les connais : c'est un de mes amis qui les fabrique à Yvetot.

A la revue du Kreider. — Le défilé des Arabes.

Ah! ces tables, voilà déjà une concession faite aux gens qui viennent de Paris; car dans une diffa indigène, vraiment indigène, on s'accroupit par terre, on mange avec l'écuelle sur ses genoux. Autre concession à l'Europe : il y a du champagne à profusion sur les tables et, dans chaque assiette, une petite pièce d'étoffe rayée qui nous servira de serviette. Ces points acquis, nous pouvons dire que nous avons assisté au plus magnifique des repas arabes qui aient été jamais servis en Algérie.

Cent cinquante personnes tenaient à l'aise sous la tente. Les assiettes, toutes creuses, étaient placées par trois, l'une dans l'autre et d'avance; car, malgré le nombre incroyable de serviteurs qui bourdonnent au centre de la tente comme des mouches du coche, le chic arabe exclut le changement de couvert. Tout le monde mange avec ses doigts, parfois avec une cuillère, toujours la même. C'est sale, mais combien couleur locale !

Grande revue au Kreider. — La fantasia.

Au moment où M. Loubet donne le signal de s'asseoir, les grands caïds de l'Algérie. qui lui offrent ce banquet à la mode de chez eux, font une entrée, vont le saluer au fond de la tente et repartent pour assister de loin au festin. Les serviteurs pénètrent sous la tente, blancs, bronzés, cuivrés, noir d'ébène, vêtus d'étoffes plus ou moins somptueuses,

Au Kreider. — Les méharistes.

selon leur grade dans la domesticité. Ils apportent les plats en débandade, sans aucune espèce d'ordonnancement, et les déposent sur les tables au petit bonheur.

C'est le couscous aux épices, c'est la croquette de hachis, c'est le « tadjin bel batata », ragoût aux pommes de terre; le « tadjin bel besgoug », aux pruneaux; le « tadjin bel gnernyéa », aux artichauts; le « tadjin kestel », aux châtaignes; le « tadjin bel beidh », aux œufs. Et comme tous ces tadjins nous sont servis à la va-comme-je-te-pousse par les hommes au visage de bronze et aux dents blanches, qui suivent sur nos figures l'impression née de ce spectacle, nous goûtons à tous les tadjins. Pour la première fois de notre existence, nous avons mangé des œufs et des pruneaux dans la même cuillère, du riz et des châtaignes avec des pruneaux.

M. Loubet, qui est un fin diplomate, a déclaré que tout ça était très bon : le tout, parbleu,

A la revue du Kreider. - Après la charge finale, le général O'Connor vient saluer le Président.

est de s'y habituer. Sur les tables, un excellent lait de chamelle faisait, à vrai dire, oublier le goût fadasse, odieux, des tadjins dont vous avez ci-dessus le catalogue.

Mais en voici bien d'une autre. Au moment où la nouba des tirailleurs déroule sa monotone cantilène devant la tente, les serviteurs se précipitent; un brouhaha nous signale que quelque chose d'important se prépare. Parbleu! C'est le chameau qui fait son entrée; le chameau ou, si vous préférez, le chamelon; mais c'est toujours un petit chameau rôti. Il est présenté, à l'ouverture de la

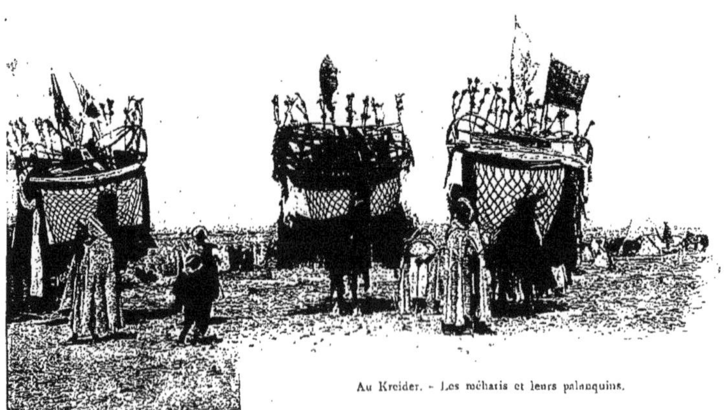

Au Kreider. – Les méharis et leurs palanquins.

tente, en son entier, parfaitement empalé sur un baliveau solide. L'homme noir qui porte ce rôti peu ordinaire n'en est pas fier à moitié. C'est Artaban lui-même, portant l'étendard du Prophète.

Ce n'est pas tout. Aux accents de la nouba, qui continue son boum-boum mélancolique, toute une famille de mammifères également rôtis viennent encadrer le chameau.

C'est d'abord un mouflon, aux cornes superbement tire-bouchonnées, empalé comme le petit chameau; puis c'est une dizaine de moutons embrochés à l'instar des précédents : tout cela porté par des Arabes de choix, qui ne donneraient pas leur place pour l'un de ces moutons mort ou vif. Tous se groupent à l'entrée de la tente, au port d'arme avec leurs rôtis qui sèchent et refroidissent au grand air.

Après la revue du Kreider.

—

Le discours du Président aux chefs indigènes.

Bien entendu, le sable, qui s'élève au moindre galop des chevaux du camp, vient saupoudrer ces viandes et nous sera servi avec.

Le service continue, bruyant et confus, au milieu des cris de surprise et de répu-

répugnance des convives. Voici venir le « mesfouf couscous », entremets de riz et de raisins secs; les « halouiat mokkalifa », pâtisseries variées.

Enfin, grand palabre : les porteurs du petit chameau, du mouflon et des moutons, font solennellement leur entrée et

Au Kreider, après la grande revue. - La danse des Ouled-Nails.

vont présenter les pièces au Président de la République, dont la table occupe le fond de la tente. Puis les animaux sont servis entiers sur des corbeilles de sparterie. On les attaque à pleines mains, chacun tire une patte, casse une cuisse et, comme j'avais l'honneur de vous le dire, tout le monde mange avec ses doigts.

M. Loubet sourit toujours et préférerait évidemment autre chose.

Le dernier cri se fait entendre : c'est celui de l'homme noir vêtu superbement, qui porte une aiguière de cui-

Au Kreider. - Les fauconniers.

vre, un bassin, une serviette, et nous engage à nous laver les mains. Oh! oui, fils du Prophète, donne! Et nous avons ainsi un Henri Regnault de plus devant les yeux.

Poussière à part, cette journée fut, encore une fois, inoubliable d'un bout à l'autre, et nul ne regrettera d'être venu jusqu'ici.

Au Kreider, à la grande diffa. - Présentation
des chamelons rôtis.

La journée eût mérité vraiment, pour la décrire, une plume de maître; il eût fallu là un Flaubert.

Le bureau télégraphique volant du Kreider mérite un souvenir. Il était installé sous une grande tente, avec tables, plumes, encre, papier, tout ce qu'il fallait pour écrire; tapis à terre et aux murs; plantons de la légion étrangère pour faire le service, et dans les deux sens, aussi bien de Paris que pour Paris. Pour Paris seulement, il a été expédié plus de quarante-cinq mille mots en quelques heures, le 21 avril.

D'ailleurs, tout était original dans ce désert où il n'y a rien d'ordinaire et d'où l'activité du capitaine Fariau, des tirailleurs, attaché aux Affaires indigènes, avait fait sortir un camp de vaste étendue avec tous ses organes.

Mais ce qui constitua le vrai clou de la journée, après la diffa homérique, ce fut un numéro dont ne parlait pas le programme. Il fut improvisé par les Arabes avec l'autorisation de leurs tuteurs, les officiers des bureaux.

Préparation du méchouï.

Lorsque le train se mit en route, nous fûmes d'abord tout surpris, et agréablement surpris, d'apercevoir, à droite et à gauche de la voie ferrée, toutes les troupes de cavalerie qui se trouvaient à la revue du matin, échelonnées par escadrons à 500 mètres les uns des autres.

43

Les spahis, les chas-
seurs d'Afrique et enfin
les goumiers se tiennent
alignés et saluent le Président, charmé de cette
conduite inattendue.

Les cavaliers indigènes trou-
vent que cette immobilité est bien
froide, ils demandent aux capitaines des
bureaux arabes qui les commandent, le
droit de courir en avant et, par escadrons volants, les
voilà qui se mettent à galoper à mesure que le train les
a dépassés; ils détalent à toute vitesse et entament un
match avec le train. Rien ne les gêne pour galoper, puisque le
sable du désert est à tout le monde. C'est un divertissement raris-
sime qu'ils nous offrent ainsi. Pendant 200 ou 300 mètres, ils fendent
l'espace sur leurs admirables chevaux, dépassent le train presque tous, et quand ce fait
est constaté par nos applaudissements, sur un signe de l'officier, qui connaît la fureur
sportive de ses goumiers, ils s'arrêtent à regret, soyez-en sûrs, et c'est au tour d'un autre
escadron de nous escorter ainsi à la course et en faisant parler la poudre.

Et voilà pourquoi, de longtemps, les Arabes n'oublieront pas cette fête, eux non
plus; c'est que, pendant plusieurs jours de préparations et de répétitions, on leur a
donné toute liberté de faire parler la poudre et de galoper à fond de train.

VI

Blida = Repos à Alger

Le retour du Kreider à Perrégaux s'effectua le même soir, disons la même nuit, sans incident. On dîna en route, sous une halle de la gare de Saïda.

Avant d'y pénétrer, M. Loubet se fit présenter, sur le quai, les représentants de la presse, journalistes et photographes, qui, depuis le premier jour, suivaient ses pérégrinations. Avec son affabilité coutumière, M. Loubet parla en termes cordiaux de la presse, sans laquelle ce voyage en Afrique n'eût eu aucune raison d'être, puisqu'on ne le connaîtrait pas. Il peut être assuré, et il l'a 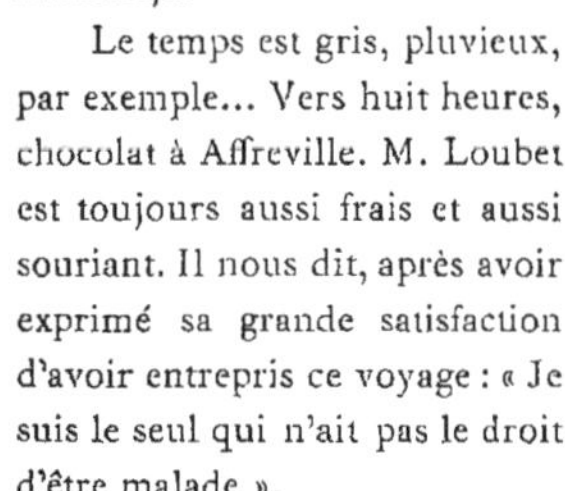 très bien dit au surplus, que la presse qui l'accompagne ainsi est aussi désireuse que lui-même de voir ce beau voyage profiter à la colonie.

Après une nuit de chemin de fer, nous voici à Blida. Quelle différence d'aspect! Là-haut les aridités du désert, ici les verdoyances de la plaine. Après les impressions désolées du Sud Oranais, la richesse luxuriante de la Mitidja.

Le temps est gris, pluvieux, par exemple... Vers huit heures, chocolat à Affreville. M. Loubet est toujours aussi frais et aussi souriant. Il nous dit, après avoir exprimé sa grande satisfaction d'avoir entrepris ce voyage : « Je suis le seul qui n'ait pas le droit d'être malade ».

Hier, au soleil du Kreider, devant les indigènes réunis, le gouvernement avait arboré le casque. Aujourd'hui, le tube a reparu sur toutes les têtes...

Blida. - En ville.

Blida. - Les décorations de la ville.

officielles. Barométriquement, c'était indiqué.

Avez-vous jamais passé sous un arc de triomphe exclusivement fait d'oranges? Bien probable que non. Ce fut notre surprise en arrivant à Blida. La charmante ville, l'une de nos premières conquêtes, était délicieusement parée. Partout, semblables à des minuscules ballons vénitiens, les oranges qui font sa célébrité dans le monde apparaissaient comme autant de motifs originaux de décoration. Et ses rues montantes, remplies d'indigènes aux costumes bizarres! Et ses frais environs où nous courûmes faire l'école buissonnière, pendant que s'achevaient les réceptions officielles et qu'on préparait l'officiel déjeuner! Comme il eût été charmant pour le Président de faire une visite à la fontaine sacrée des Musulmans qui coule au pied du vieux cimetière arabe, d'où les vieilles femmes et les enfants, nichés

Blida. - A la sortie du banquet.

dans quelques maisonnettes du voisinage, s'enfuyaient en poussant des cris de poule à l'aspect de nos appareils photographiques!

La journée de Blida, courte mais bien remplie, s'achevait bientôt à Alger, où se terminait ainsi la première partie du voyage. En place, repos! Le Président Loubet retrouvait dans le port ses appartements du *Jeanne d'Arc*, et presque toute la caravane, hormis les personnages officiels, se dispersait dans Alger, où elle reprenait contact avec le bruit, la lumière, le va-et-vient d'une grande ville.

Et le soir, aux terrasses des cafés, par un temps superbe, on a pu respirer un peu, rassembler ses souvenirs, noter quelques plaintes des colons qui nous ont reçus à bras ouverts. Le service télégraphique ne fut pas très brillant les premiers jours de ce voyage présidentiel; on l'améliora sur la fin. Mais que dire d'un service postal qui ne relie pas quotidiennement la métropole à une colonie de l'importance de celle-ci?

Il semble que l'A. B. C. d'un marché de ce genre, passé entre l'État et les adjudicataires, approuvé par le Parlement, dût être la quotidienneté assurée.

Pas du tout. Il y a deux jours dans la semaine, le vendredi et le dimanche, qui ne voient partir aucun paquebot pour la France. C'est extraordinaire.

Une lettre écrite à Alger le jeudi après midi, par exemple, ne quitte le port que le samedi; elle n'arrive à Marseille que le dimanche

Blida. - Le Président sort du banquet.

et est distribuée à Paris le lundi seulement. Il lui suffirait de quarante-huit heures de plus pour aller de Paris en Amérique. N'entrons pas dans la discussion des adjudications postales du service algérien.

C'est périodiquement une lutte désespérée qui se renouvelle devant les deux Chambres.

Et pourtant, il faut bien se rappeler que vers 1896 ou 1897, à la veille d'un de ces marchés postaux, M. Maurice Lebon, alors sous-secrétaire d'État, présenta un projet superbe de la Compagnie Transatlantique.

Celle-ci abandonnait

Blida.
La campagne.

Blida. - Au cimetière arabe.

M. Colin,
député d'Alger.

aux autres compétiteurs les lignes de Marseille-Oran, de Marseille-Bône ou Philippeville.

Elle demandait qu'on lui réservât Marseille-Alger, en échange de quoi elle assurait précisément ce service quotidien que l'on appelle ici depuis si longtemps.

Chaque nuit, un train partait d'Alger pour Oran, un autre pour Constantine et de cette façon, les relations étaient rapides, pour ainsi dire permanentes.

Hélas! la jalousie des départements voisins s'en mêla. On prit ombrage de ce projet pourtant si pratique.

Et comme il est très facile chez nous de tout faire échouer en disant que Pierre ou Paul « a touché », une histoire de pot-de-vin bien lancée eut raison du projet Maurice Lebon.

Il resta sur le carreau et l'adjudication émiettée entre la C. G. T., les Touache, etc., nous dota du service grotesque que nous ne serons pas les premiers, certes, ni les derniers à dénoncer au bon sens public et à un gouvernement mieux informé. Ce qu'il faut obtenir, c'est que de France parte un courrier QUOTIDIEN pour l'Algérie, et *vice versâ*, alors qu'il n'y a que cinq départs par semaine. M. Loubet ne s'apercevait pas de ces inconvénients; il avait le bon fil spécial avec l'Élysée.

Mais les Algériens, les voyageurs, les touristes, sont unanimes à protester contre un état de choses tout à fait pitoyable. Voilà une petite réforme à exiger de l'avenir.

Nous retrouvâmes là un grand chef indigène, qui était assis en face de nous l'autre jour, au banquet de Sidi-Bel-Abbès.

Et machinalement notre conversation avec ce guerrier de l'Oranie nous revenait à l'esprit.

Son nom? Oui, au fait, son nom? Mais qu'importe?

Tizi-Ouzou.

Les enfants indigènes à l'arrivée du cortège officiel.

Au surplus, ces noms arabes sont tous les mêmes. C'est toujours, pour un homme de cette importance, Si el hadj X... ou Y..., ben X..., ben Y... Notre interlocuteur était chamarré de décorations, y compris la rosette d'officier de la Légion d'honneur.

Le dialogue s'était établi à peu près ainsi. Il fut tout à fait typique :

— Tu le trouves bien, notre Président?

— Oui, oui, bonne figure. Zyeux bleus, bon homme, suis sûr...

— Il n'a peut-être pas assez de broderies sur son habit?

— Ça fait rien.

— Et des plumes à son chapeau, comme ça?

— Ça fait rien.

— Vraiment?

— Autrefois, c'était bon. Nous connaissions pas pouvoir civil. Connaissions seulement grands chefs militaires français. Mais maintenant, pouvoir civil bon. A fait beaucoup de choses pour nous. L'Arabe bien heureux avec lui, comme jamais aurait pu être. Faut pas croire que nous comprenons pas ça. Comprenons très bien. Aussi faisons prières à Dieu pour que lui donne bonne santé, longtemps, longtemps, à ce bon Président, M. Loubet.

Tizi-Ouzou.- Petites filles indigènes attendant M. Loubet pour lui offrir des fleurs.

— Nous aimons t'entendre parler ainsi.

— Fou celui qui parle autrement.

— Un verre de champagne?

7

— Oh! non, jamais vin. Resté vieille coutume, moi. Mais mes enfants boivent vin en France. Mon fils officier en France, boit vin. Change pas sentiments du cœur. Religion du Prophète bonne, mais pas indispensable exagérer pratiques jusqu'à la bêtise. Pas vin en Sud Oranais, indispensable. Vin en France, indispensable. Mais pas vin vaut mieux quand même. Moi, pas bu vin, jamais. Jamais boirai. Vivrai cent ans...

Et dans sa barbe blanche, il nous en souvient, le chef au teint hâlé, aux petits yeux noirs, riait de bon cœur chaque fois que le maître d'hôtel s'efforçait de lui verser quelque cru nouveau : Musigny, Hermitage, Pontet-Canet...

Tizi-Ouzou, - La nouba kabyle sur le passage du cortége officiel.

Et quand nous eûmes écouté debout — c'est le protocole qui le veut ainsi dans ce voyage, on ne sait vraiment pas pourquoi — le discours de M. Loubet, Si el hadj X... ou Y... nous dit :

— Il est bon, M. Loubet. Nos Arabes aiment lui bien, vraiment...

Devant les tables du café passe un camelot kabyle qui débite des cartes postales.

On le dévalise contre un tas de pièces blanches.

Le Président Loubet affublé d'un burnous est très demandé.

Est-il besoin de signaler que la folie des cartes postales a, pendant ce voyage, sévi sur tout le train présidentiel avec une cruauté sans égale ?

A peine arrivés dans une ville et libérés des obligations officielles, les compagnons de route du Président, ministres, sénateurs, députés, ingénieurs des chemins de fer, journalistes faisaient chez les marchands une rafle de cartes postales et les expédiaient à droite, à gauche, à

Tizi-Ouzou. - Attendant les réceptions.

propos de bottes, sans que rien pût les détourner de cette monotone opération.

En plus de ces cartes locales, on avait mis en vente, à Alger, deux « motifs » assez drôles : M. Loubet en turban et en burnous cité plus haut, et le même débarquant en Algérie au milieu de toutes les variétés d'Algériens connues : Arabes, Espagnols, Italiens, antisémites, etc.

Tizi-Ouzou. - De la gare à la mairie.

Allons, abandonnons la terrasse !

Le sabbat nous attend...

comme chante Méphistophélès sur la musique de Gounod.

Ce sabbat, fort sage au demeurant, fut organisé tout à fait gentiment par les journalistes algériens à l'intention de leurs confrères venus de France.

Nous n'avions qu'une soirée pour faire le tour des bouges de la Kasbah.

On ne la laissa pas échapper et l'on eut raison, car nous vîmes là, en dehors de la pompe officielle, des spectacles fort originaux, ruisselants de couleur locale, pourrait-on dire si, une demi-obscurité n'en avait été l'attrait principal.

Cette Kasbah, c'est Alger la vieille, c'est l'Alger du dey de 1830 et de bien avant... Il y a vingt ans, elle était encore bordée par des bouquets d'arbres et par des jardins, du côté de Mustapha. Aujourd'hui, elle

Tizi-Ouzou.
Devant la mairie.

est enserrée dans des murailles de pierre modernes et comme comprimée par l'Alger de 1903.

C'est toujours la Kasbah nonobstant, avec ses ruelles innommables, ses rues en escalier, ses maisons à encorbellement où le jour ne pénètre jamais, où les voisins voisinent d'un immeuble à l'autre et peuvent se donner la main par-dessus la tête des passants.

Il fallait nous voir monter cette butte sacrée en manière de pèlerinage, précédés par une *nouba* qu'on eût certainement arrêtée en temps ordinaire pour tapage nocturne, mais qui, vu la circonstance, était autorisée à produire, par le moyen de deux cornemuses et d'un tambourin, cette mélopée lancinante et persecutrice qui constitue toute la musique arabe.

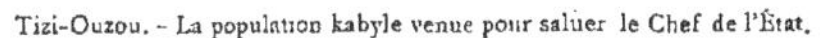

Tizi-Ouzou. - La population kabyle venue pour saluer le Chef de l'État.

Boum, boum, badaboum !... Elle nous indiquait le chemin, la *nouba*, et nous suivions pesamment, à soixante-dix ou soixante-quinze, nos guides vigilants à travers ce dédale extraordinaire de sentines et de rues pittoresques. Abd el Kader, inspecteur de police indigène, mobilisé pour la circonstance par la presse algérienne syndiquée, conduisait la caravane, la canne à la main, le turban sur l'oreille, et se plaisait à nous conter qu'un soir il avait ainsi promené les grands-ducs de Russie dans ce qui reste du vieil Alger barbaresque.

Le terminus de notre excursion fut le café de la belle Fatma.

Tizi-Ouzou.- Au bordj. - Fanfare indigène.

52

Et les milliers de visi-
teurs qui se rappellent la
beauté fameuse de l'Expo-
sition, en 1889, auront un
souvenir attendri, je pense,
pour cette jolie personne
quand ils apprendront
qu'aujourd'hui, un peu
engraissée, les dents bien
jaunies, la peau un peu

Tizi-Ouzou.

fanée, mais le profil toujours joli à miracle, les yeux toujours limpides et le sourire
toujours exquis, la belle Fatma de l'Exposition, la seule, la vraie, celle qui fit entrer le
monde entier dans la baraque dont madame sa mère
n'était pas le moins curieux orne-
ment, tient à Alger boutique
de café, de musique (!) et de
satisfactions accessoires.

Nos confrères avaient
bien fait les choses.

Ils avaient commandé
le grand jeu musical et chorégraphique. La belle Fatma
avait convoqué le ban et
l'arrière-ban des Mauresques
qui dansent du ventre à
Alger, et pendant une heure
nous assistâmes à ce que
vous savez : des créatures
hideuses, fagotées comme

Tizi - Ouzou.- Dans la cour de la citadelle.
Les Caïds acclament le Président.

des singes, qui se tortillent et se détortillent en agitant des foulards. Boum, boum, badaboum !

Abd el Kader s'amusait autant que nous tous à lui tout seul et jurait que pour les grands-ducs la soirée avait été bien moins chic.

— C'est que la belle Fatma, vois-tu, a compris qu'elle nous devait quelque chose pour la réclame colossale que nous lui avons faite il y a quatorze ans.

Ainsi parlais-je à ce jovial adjudant de police indigène en lui témoignant le désir de nos confrères d'en rester aux quinze premières danses du ventre et de s'en retourner aux hôtels.

Tizi-Ouzou. - Au bordj, dans la cour de la citadelle. - Un discours.

Si nous avions écouté Abd el Kader, nous serions encore chez la belle Fatma.

Philippeville.

VII

Tizi=Ouzou

Le Président Loubet, en quittant Alger pour faire l'instructive excursion de Tizi-Ouzou, put inscrire sur ses tablettes : Deuxième partie...

Et cela nous changea des contrées désertes et pierreuses de l'Oranie. Quelles vignes! Quels blés! Quelles orges! Pas un mamelon qui ne soit cultivé! Pas un coin de plaine qui ne soit verdoyant!

Sous ce rapport, le Président n'avait encore vu rien de mieux, et pourtant la Mitidja, l'Oued-el-Kebir, les rutilances de Blida, les arcs de triomphe tout en oranges et en bananes de la veille, c'était déjà bien.

M. Treille,
sénateur de Constantine.

Le voyage en chemin de fer, malheureusement, s'effectua le 23 avril sous des averses énormes, mais on se consola de ce contre-temps en songeant que cette pluie était depuis long-temps désirée dans toute l'Afrique du Nord.

Un vieil Arabe nous dit : « Notre sultan, — il désignait

M. Thomson,
député de Constantine.

55

ainsi M. Loubet, — est aimé de Dieu, la
pluie l'accompagne. »

Impossible, après cela, de regretter
le cuisant Phébus et, ma foi, cette
pluie qui fouette les arbres et les
récoltes à l'aspect plantureux évo-
que chez nous le souvenir de nos
belles campagnes de Normandie,
où la pluie est autrement fréquente
que le soleil.

On ne se croirait pas à mille kilomètres de la France, mais au cœur
même de la métropole, tant la coloni-

Constantine.
Vue prise du pont d'El-Kantara.

sation déjà ancienne de cette région produit ici le maximum de
ses effets. Cette journée de Tizi-Ouzou fut ravissante, en dépit des
averses. Après le Kreider, c'est Tizi-Ouzou qui aura fourni au Président et à ses invités
la somme la plus remarquable de pittoresque. Nous voici en gare de la petite sous-
préfecture : aussitôt descendu du train, le cortège se forme au milieu d'une véritable
armée de burnous blancs, ou, pour mieux dire, gris sale. De tous les villages sont venus
les notables indigènes, amenant avec eux leurs auxiliaires. Sur tout le parcours,
de la gare à la sous-préfecture, le jeune et actif sous-
préfet de Tizi-Ouzou, M. Firbach, avait très curieu-
sement disposé ses adminis-
trés indigènes. Ils sont quatre
cent mille dans l'arrondissement, vingt-quatre mille à
Tizi, contre quinze cents
Européens.

Plus de douze mille fai-
saient la haie. Tous les cent
mètres, un chef de file les
maintenait en bon ordre.
C'était, neuf fois sur dix, un
ancien tirailleur décoré de
la médaille militaire.

Là, vraiment, on broie
de la couleur locale. Quatre-
vingt-dix chefs kabyles à

Constantine. Vue prise du pont d'El-Kantara.

cheval, superbes dans leur burnous rouge, la plupart chamarrés de décorations, com-
plètent la figuration très intelligemment disposée de ce tableau original. On avance entre

Constantine.
En attendant le Président.

deux haies de burnous, d'où émergent douze mille têtes brunâtres, beaucoup plus semblables aux nôtres, couleur à part, que celles des Arabes de l'Oranie. Dans le Kabyle, il y a du Vandale. C'est le Berbère mâtiné d'homme du Nord ; race admirable, aussi brave à la guerre que dure au travail des champs.

Comme la route monte un peu, les voitures vont lentement; les voyageurs ne perdent rien d'un spectacle si artistement mis en scène. Il n'y a qu'un cri d'un bout à l'autre du cortège, et le Président manifeste son admiration à ses compagnons de route. Le beau pays! Les rudes hommes! Le stupéfiant coup d'œil! Les photographes ne se tiennent pas de joie.

En dépit de la mélancolie du ciel, deux autres visions originales complétèrent celle

Constantine. - Sur le passage du cortège.

de la tourbe immense des Kabyles : l'issue du déjeuner présidentiel,
où nous eûmes l'illusion d'être, à quelques centaines de Francs, prisonniers de tout un peuple arabe, et la réunion des grands chefs et des notables sur l'esplanade du Bordj, ancien fort turc où fut culbutée finalement l'insurrection de 1871.

57

Constantine. - Indigènes de la tribu des Haractas,
de l'escorte du cortége.

Constantine. - Mosquée
dans le quartier arabe.

Constantine. - Sur le pont d'El-Kantara.
Le Président regardant la hauteur.

M. Loubet lut à tout ce monde attentif un discours paternel et ferme à la fois, qu'un interprète traduisait, sous les parapluies, à la foule assemblée..... C'était saisissant.

Tout ce pays de Kabylie est délicieux à parcourir. On a la satisfaction d'y voir, d'y toucher du doigt la prospérité agricole; si l'on songe qu'on n'a commencé à le coloniser qu'en 1872, après la défaite et la mort de Mokrani, on reste émerveillé des résultats obtenus.

Toutefois, il y a un point noir; la grande aptitude des Kabyles pour les travaux agricoles, leur âpreté au gain, leur vertu féroce d'épargne sont telles qu'ils redeviennent peu à peu propriétaires à prix d'or des terres que nous avions confisquées à leurs insurgés en 1871. On se demande où cette réacquisition conduira et si la poignée d'Européens qui habite le riche arrondissement de Tizi-Ouzou (8.000 contre 400.000 indigènes) n'aura pas à redouter un jour l'explosion de revanche d'un peuple grisé par ce phénomène économique.

Le discours du maire à M. Loubet, au déjeuner de la mairie, trahit cette inquiétude. Il demanda nettement une augmentation de garnison, et cette requête, formulée par deux fois, montre des préoccupations dont il conviendra de tenir compte; gouverner c'est prévoir. Une insurrection en Kabylie serait finalement étouffée par nos soldats, c'est entendu; mais combien il serait sage de fermer la porte aux espérances des irréductibles et de parer par avance à toute éventualité? Défions-nous des arabisants, défions-nous des berberisants. A côté d'admirables qualités et de compétence studieusement acquise, ils ont le grave défaut de croire à la sincérité humaine. D'autres pensent qu'il convient de s'en défier, surtout en pays conquis.

Puisque la ville de Tizi-Ouzou ne demande qu'à faire des sacrifices pour qu'on lui envoie de la troupe de renfort, il paraît logique d'insister avec elle pour que cette satisfaction lui soit promptement accordée.

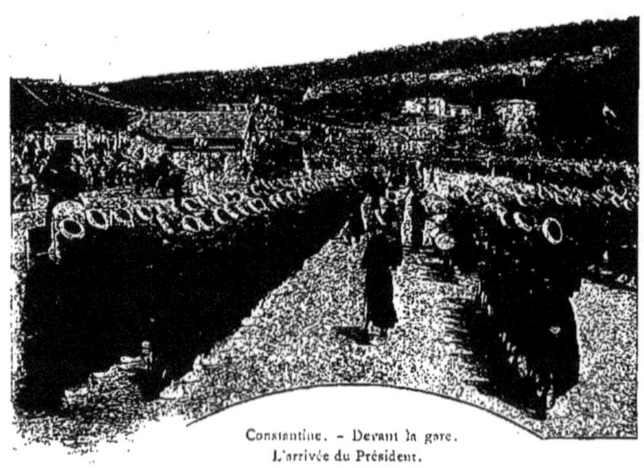

Constantine. — Devant la gare.
L'arrivée du Président.

Constantine. — La ville en fête.

Constantine.

VIII

Constantine

Pendant que la moitié des invités du Président de la République gagnait Constantine par la voie ferrée de l'Est-Algérien, l'autre moitié, celle qui comptait les personnages officiels, suivait M. Loubet sur la mer et débarquait à Philippeville, d'où elle rejoignait la grande ligne d'Oran à Tunis.

Et l'arrivée du Président à Constantine répéta les effets constatés à Alger, à Oran, à Blida, partout. C'est de l'enthousiasme de la part des colons; c'est une curiosité placide de la part des Arabes. MM. Thomson et Treille sont ici les guides indiqués du Président. L'un est le sénateur, l'autre, le député de Constantine.

De toutes les villes que nous avons traversées, celle-ci est certainement l'une de

Constantine. - La ville arabe.

celles qui offrent à l'insatiable photographie les plus

60

copieux éléments; la vue pa-
noramique du lointain, la
vue prise du pont fameux
d'El-Kantara, fil ténu qui relie le nid d'aigle à la terre
ferme, tout cela constitue des
visions pittoresques comme
il en est trop peu dans un pays où presque
tous les sites se ressemblent.

Constantine.
Acclamations de la population.

Quant à l'entrée du
Président dans la
ville de Cons-
tantine, per-

M. Aubry,
député de Constantine.

chée sur le rocher qui nous a coûté à conquérir tant
de temps et tant de braves soldats, elle est superbe.

Un beau soleil succède à la pluie de deux jours.
Aussi, pas de poussière et quel décor! Le vieux roc qui
domine le Rummel et qui porte la ville, le pont d'El Kan-
tara, et une rue, une seule rue montante, pleine de monde,
noire et blanche de monde!

La réception fut enthousiaste; quatre caïds, entre autres,
de la province de Constantine, y assistaient, coiffés d'un magnifique bonnet à poil
qui, à l'examen, se trouva être un énorme bouquet de plumes d'autruche; ils en

Constantine. — Le cortège officiel à l'Hôtel de Ville.

Constantine. - Quartier arabe.

sont très fiers, c'est la coutume de leur tribu. L'un d'eux, dont le nom nous échappe (mais c'est toujours un Mohammed ben Ali ben quelque chose), était à la revue de Bétheny, où il fit sensation. Il a sorti une paire de gants blancs glacés, comme s'il allait au bal. C'est évidemment le caïd le plus élégant de toute l'Algérie. Très homme du monde, nous dit-on, très européanisé, excellent danseur. Excusez du peu !

Par contre, à part l'entrée en ville, la journée du Président à Constantine est un peu quelconque; rien de particulièrement curieux en dehors des réceptions officielles, des réponses aux discours des députations, toutes choses qui sont fort intéressantes, mais dont le pittoresque s'émousse un peu avec la répétition.

Demain, M. Loubet passera la journée à visiter Sétif; nous l'abandonnerons pendant vingt-quatre heures à quelques-uns, pour aller visiter Timgad avec M. Maruéjouls.

Constantine. - Quartier arabe.

Le ministre des Travaux publics a eu l'extrême obligeance de demander à M. Watel-Dehaynin, administrateur de l'Est-Algérien un train spécial pour nous conduire et lui-même à Batna. De là, vingt-quatre kilomètres en voiture pour atteindre la Pompéi algérienne.

Ce hors-d'œuvre figurait d'abord sur le

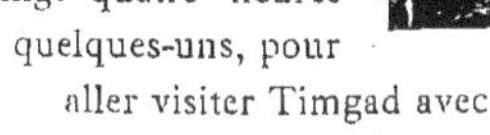

Constantine.

A l'Hôtel de Ville. - Jeunes filles arabes confectionnant des voiles pour Mme Loubet.

Sétif.

programme présidentiel. Il a été coupé au dernier moment, faute de moyens de locomotion pratiques.

A nous donc l'excursion aux ruines de la cité romaine dont l'exhumation date de quelques années à peine !

Fontaine dans le quartier arabe.

Ruines de Timgad. - Voie principale. Au fond, arc de Trajan.

IX

Timgad

« Ils avaient un volcan et ils l'ont laissé éteindre! » s'écriait au théâtre du Palais-Royal le joyeux préfet du *Panache*.

Nous n'irons pas jusqu'à dire que la France ne fait rien pour Timgad; chaque année, on accorde à son service de fouilles quarante billets de mille francs qui, sous la direction de M. Ballu, inspecteur général des Beaux-Arts en Algérie, sont judicieusement employés. Mais il n'importe : si les Anglais, les Allemands ou les Américains possédaient chez eux ce joyau, quels sacrifices ils sauraient s'imposer pour créer là un mouvement touristique qui donnerait à tout ce pays de Batna, un peu pauvre et un peu désert, la richesse et la vie en faisant connaître au monde entier une véritable merveille!

Songez donc, une ville entière, une ville romaine du premier siècle, arrachée à l'oubli !

Et pas une petite ville : une cité remarquable, avec ses temples, ses rues, ses bains, ses théâtres, son forum, sa tribune aux harangues, tout ce qui constituait la cité antique.

64

Depuis quinze ans qu'elles du-
rent, avec des ressources trop
modestes pour un aussi magnifique objet, les fouilles de Timgad
ont permis de mettre à jour et de
redresser des centaines de co-
lonnes, de chapiteaux, de statues.

C'est beaucoup plus grand
que Pompéi et autrement riche
en monuments. Les mosaïques
y abondent et sont de toute beauté.
On est obligé de les recouvrir de terre
ou de les transporter au petit musée du conser-
vateur pour les soustraire à l'action du temps

Timgad. – Fontaine.

et aux déprédations des Arabes, aussi bien que des touristes indélicats. Ce n'est pas une
réunion quelconque de ruines romaines, encore une fois, que nous possédons là, c'est
Pompéi, une Pompéi africaine. Et, à distance, plusieurs mois après le voyage, nous
avons les yeux encore emplis de la superbe vision qu'il nous a été donné de considérer

Ruines de Timgad. – Le théâtre.

65

9

Timgad. - M. Maruéjouls, ministre, au théâtre.

pendant plusieurs heures, grâce à l'obligeante intervention du ministre des Travaux publics. Ah! la belle, l'inoubliable journée, encore que la pluie soit venue la gâter sur la fin, et comme nous quittâmes l'Algérie le lendemain sur une superbe impression d'art!

Arrivés le soir, à une trentaine, de Constantine avec le ministre des Travaux publics, MM. Peyrouze et Charlot, ses lieutenants nous sommes partis de Batna le 26 avril à 6 heures du matin. Il y a 37 kilomètres entre Batna et Timgad : trois heures de voiture pour et autant pour revenir. Le très aimable sous-préfet de Batna, M. Lutaud, avait tout préparé pour notre transport. Il y a des landaus en nombre suffisant; ils sont exacts au rendez-vous.

Le ministre a trouvé à Constantine une automobile à pétrole qui le conduira plus vite que nos quadrupèdes aux ruines de la Pompéi algérienne.

Il le pense, du moins. Désolante illusion! La fâcheuse panne se met de la partie, non point en cours de route

M. Maruéjouls, ministre des Travaux publics.

comme il arrive d'ordinaire, mais avant le départ. L'allumage par magnéto est en avarie et c'est après deux heures de tâtonnements que le mécanicien arrive seulement à le réparer. Sans l'attendre, le ministre est parti, vers huit heures, dans une vulgaire calèche. Nous devons à la vérité d'ajouter qu'au kilomètre 29 l'automobile avait rattrapé les chevaux, et que le ministre des Travaux publics pouvait apparaître au milieu des ruines romaines, traîné sur le char modern-style.

66

Timgad. - M. Maruéjouls, ministre des Travaux publics
et le marabout.

La visite de la ville énorme a commencé alors; elle a duré deux heures quarante minutes, et nous n'avons pas tout vu : thermes magnifiquement agencés, places publiques dallées en travers, portiques, portes monumentales, curies, basiliques, enceintes, prétories, que sais-je! tout ce qui constituait, en un mot, la vie des Romains, est là, sorti de terre, admirablement conservé.

Les pièces les plus curieuses, il faut bien le dire, et les plus nouvelles pour ceux qui s'intéressent à la reconstitution de la vie romaine, ce sont les latrines, de superbes latrines avec tout-à-l'égout, dallages troués aux endroits convenables, petites rigoles pour le lavage des mains. Il y a là un document sorti de terre comme on voudrait en trouver beaucoup.

Les fouilles ont mis à nu un tiers à peu près de la ville; dans

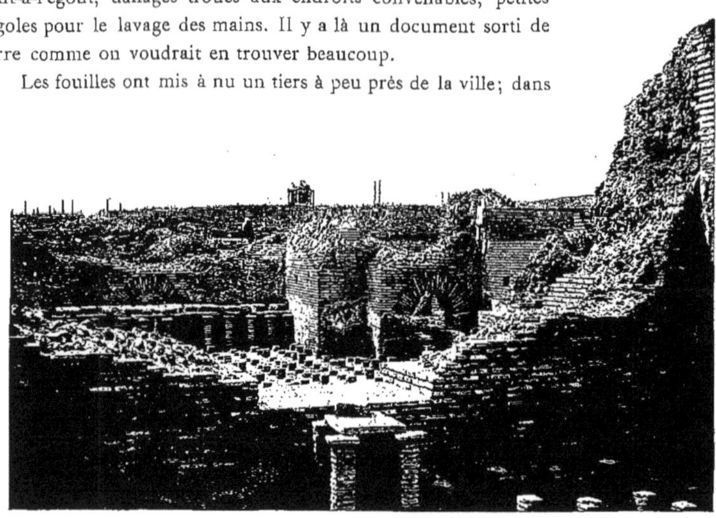

Ruines de Timgad. - Les grands thermes.

une dizaine d'années, on peut espérer que tout sera mis au jour. Ce sera alors une vision unique au monde.

Sur les gradins du théâtre, les Arabes des environs, au nombre de trois ou quatre cents, s'étaient assis, avec joueurs de flûte et de tambourin, bien entendu; après quelques contorsions à leur manière, ils écartèrent leurs rangs, et un marabout vénéré, très gros, à l'œil très malin, vint protester devant le ministre de son dévouement à la France. Il reçut l'ordre tunisien du Nicham-Iftikar.

Le malheur est que, pour gagner cette ville magnifique, évocation incomparable de l'antiquité, il faut faire une route pénible, dont les 37 kilomètres paraissent interminables. Certes, nous n'avons pas à nous plaindre, nous autres qui avons trouvé tout prêt le vivre et le couvert, les chevaux, les voitures et les conducteurs; mais le touriste isolé, celui-là même qu'il faut attirer à Timgad et d'abord à Batna, est incapable de visiter les ruines sans dépenser une grosse somme.

Et cependant, 1.800 visiteurs sont venus à Timgad, dont on commençait seulement à parler, en 1900; 2.400 y sont venus en 1901, et on en a compté 3.400 en 1902.

Il y a un modeste hôtel de campagne, mais très logeable, où nous avons même banqueté. Depuis le 1er janvier 1903, on y a couché 250 voyageurs, venus exclusivement pour les ruines; car. dans le pays d'alentour,

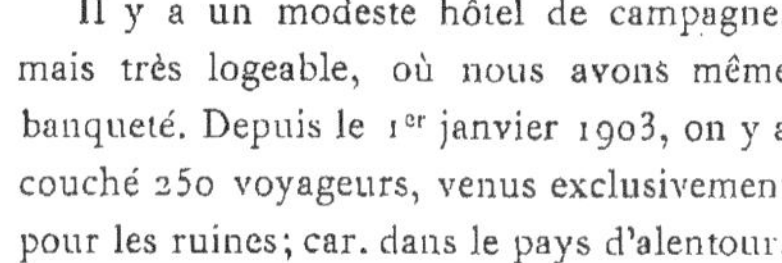

Bône. - Arc de triomphe en ville.

c'est la plaine, la montagne, toutes deux quasi désertes, bien que la terre y soit d'apparence aussi grasse qu'en Beauce.

Quels chiffres dérisoires, quand on songe à la merveille qui dort là! C'est une mine inépuisable pour le pays. Encore une fois, si elle était aux mains d'Anglais, d'Américains, d'Allemands ou de Suisses, l'inévitable tramway à vapeur y serait déjà en construction pour y amener chaque année 30.000 visiteurs.

Un moyen pratique de communication, voilà ce qu'il faut à Timgad. Nous en avons parlé à M. Maruéjouls, qui nous a renvoyés à l'Algérie et au Touring-Club. M. Peyrouze nous a dit : « Si on me garantissait 30.000 touristes, je ferais l'affaire. »

Il faut évidemment que la proposition soit renversée et que ce soit le tramway qui commence. Espérons que le jalon planté au cours de ce voyage ministériel servira bientôt. On a fait des tramways de touristes pour beaucoup moins que ça, et il est inutile

d'ajouter qu'une voie ferrée, si petite qu'elle soit, transformerait cette contrée. Après
une petite diffa à l'hôtel de Timgad (disons « diffa » parce qu'on nous a servi à dessein
les agneaux tout entiers, rôtis et embrochés sur la perche,
comme au Kreider), après quelques toasts cordiaux,
échangés entre les représentants de la presse et M. Maruéjouls, conquis à Timgad et à ses merveilles, comme
tous ceux qui viennent jusqu'ici, nous avons repris le
chemin de Batna.

Et ici s'est placé un petit épisode qui a fait que,
pendant quelques heures, nous avons pu nous croire
ministres, car les troupes sur pied nous ont rendu les
honneurs militaires, et on a même tiré le canon. Voici
l'explication de cette anomalie : comme il pleuvait très fort
à Timgad, vers trois heures, et que l'automobile ministérielle

n'était pas couverte, comme, d'autre part, la voiture attelée de quatre mules et conduite
par deux cavaliers du train des équipages, qu'on avait mise à la disposition du ministre,
ne l'était qu'à moitié, M. Maruéjouls préféra revenir dans un landau fermé, avec
M. Begey, député d'Alger. Nous avions hérité de la voiture ministérielle. Nous voilà
partis au grand galop des mules, précédés par un brigadier du train des équipages qui
dévorait la route, contre la pluie et la boue. Tout le long du chemin, les chefs arabes de
la région et leurs cavaliers nous saluaient

Bône. - A l'arrivée.

du sabre et de la main. C'est bien nous qui étions « le ministre », car l'attelage ministériel ne pouvait être celui d'un simple pékin.

Ceci n'est rien. A Batna, le bouquet. Toute la garnison est en armes, zouaves,
spahis, artilleurs, et fait la haie sur un kilomètre. Notre voiture est signalée : coup de

canon, clairons, trompettes, sabres abaissés, toute la lyre. Nous saluons de notre mieux, disons le plus modestement possible, en faisant comprendre par gestes au général et à ses officiers que le ministre est loin derrière. Ils sont les premiers à sourire de la méprise; mais les clairons, trompettes et artilleurs sont partis, ils ne s'arrêtent plus; il n'y a que les cloches qui n'aient pas sonné.

Enfin, le ministre, dont les chevaux allaient moins vite que nos mules, arrivait, au bout d'un quart d'heure. Le tintamarre recommençait, pour de bon, cette fois, et ce que les Anglais appellent le « mistake » était réparé.

Pour aller à Timgad, on passe par Lambèze, autrefois Lambessa, où de superbes ruines romaines se dressent encore dans les champs. Nous avons plaint M. Loubet d'avoir manqué cette excursion inoubliable.

Si vaillant qu'il soit au demeurant, le Président ne saurait aller partout; les forces humaines ont leurs limites, et puis le roi d'Angleterre devait arriver en France à jour dit. On ne pouvait déranger d'une heure l'itinéraire présidentiel.

Le Casabianca.

Bône.

X

Bône = Impressions finales

Pendant que nous visitions Timgad et que nous venions reprendre ensuite le chemin de fer pour gagner Tunis par Soukharas, M. Loubet se rendait, avec MM. Fallières, Étienne et la majorité de ses invités, à Bône, où il s'embarquait pour la Tunisie.

Et tous nous disions adieu à la terre algérienne, le 26 au soir, heureux d'y avoir passé une grande semaine et d'en avoir examiné, fût-ce hâtivement, les besoins.

Le trajet en chemin de fer est long, de la frontière algérienne à Tunis. Nous eûmes le temps de réfléchir sur ce que nous venions de voir. Certes, pour connaître l'Algérie, il faudrait une année d'études sur place, sans flâner. Il n'en est pas moins incontestable que ceux qui ont examiné, au cours de ce voyage présidentiel, les besoins de l'Algérie, ceux qui, prenant leur sacerdoce à cœur, ont questionné, enquêté, pris la peine de se renseigner et de s'instruire, comme M. Loubet lui-même, ceux-là ont rapporté de l'excursion présidentielle trois choses :

1° Une affection réelle pour ce beau pays parfois maltraité par l'ignorance de la métropole;

2° Un grand désir de voir le gouvernement de la République décréter au plus tôt des réformes indispensables à son développement;

3° Une idée précise sur la tendance à suivre dans l'octroi de ces réformes : parallélisme ou assimilation.

En ce qui nous concerne — et c'est sur ce seul point que des visiteurs hâtifs peuvent se permettre de répondre — instruits par de précédents voyages, nous réprouvons l'assimilation pour préconiser la théorie du développement parallèle.

71

Si nous étions le Gouvernement, comme dirait M. Prudhomme, si nous étions M. Loubet et que M. Loubet eût le pouvoir de tout faire, — voilà bien des *si*, — nous irions plus loin : nous instituerions une sorte d'Algérie autonome, s'administrant elle-même, relevant de la métropole pour les seules questions politiques, gardant pour elle la trituration de ses affaires financières et judiciaires; nous décentraliserions, en un mot, et dans l'Algérie même nous supprimerions les trois départements d'Alger, d'Oran et de Constantine.

A ces trois divisions bien françaises mais inutiles, nous substituerions dix ou douze districts, dont les chefs-lieux pourraient être : Alger, siège du Gouvernement général :

Tunis. - Sur le *Casabianca*.

Oran, Saïda, Tlemcen, Blida, Tizi-Ouzou, Sétif, Constantine, Bône, Tebessa, Tiaret, Batna; tout en laissant aux populations algériennes leurs Députés et leurs Sénateurs, qui sont le trait d'union indiqué avec la mère-patrie, nous donnerions une importance plus grande à cet embryon de Parlement algérien qui fut l'œuvre de M. Laferrière, sous le nom de « Délégations financières ».

Aux délégués, qui sont une quarantaine pour toute l'Algérie, tant colons qu'indigènes, nous en adjoindrions quarante autres, de façon à créer une sorte d'assemblée coloniale qui supprimerait les Conseils généraux ou plutôt constituerait un grand Conseil général; nous limiterions, bien entendu, l'action de ce Conseil aux affaires de pure administration locale et nous donnerions un droit de *veto* au Conseil supérieur du Gouvernement, tel qu'il fonctionne aujourd'hui.

On supprimerait les bureaux arabes et on les remplacerait par un rouage moins exclusivement militaire qui dépendrait du chef de district. On laisserait à l'armée son rôle de gendarme, et on lui enlèverait toute espèce d'ingérence dans l'administration qui n'est point faite pour elle. On ferait des douze chefs-lieux de district autant de centres où les notables du Conseil général pourraient tenir deux fois par an de petites sessions préparatoires, où ils étudieraient les projets économiques et budgétaires à soumettre à l'assemblée coloniale plénière.

On maintiendrait certes, comme aujourd'hui, la division des dépenses en facultatives et en obligatoires, mais on ferait tout pour ramener l'Algérie à l'état de *colonie* et tout pour l'écarter de la voie néfaste, à notre avis, dans laquelle on l'a engagée en voulant l'assimiler à trois départements français.

M. Loubet avait dit le premier jour, à Alger, un mot qu'il n'eût pas dit le dernier : « L'Algérie est un prolongement de la France... »

Non. Et M. Loubet l'a bien vu depuis. C'est une autre France, qu'il faut faire vivre et prospérer par des moyens différents de ceux qui sont employés chez nous. Un prolongement de la France ! Mais en France il n'y a pas de musulmans. Ici, la terre est musulmane; le Coran est dans tout; il est partout. Nos institutions d'Europe sont souvent basées sur les principes de l'Évangile, jamais sur ceux du Coran. Ici, la masse de la population est ignorante des chaussettes, voire des savates. En France, ne marchent pieds nus que les pauvres diables. L'Algérie

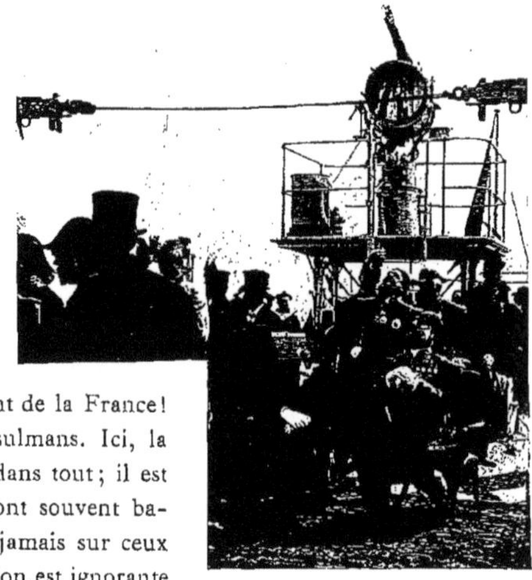

Sur le *Casablanca*.
Regardant hisser le pavillon particulier du Président.

compte des millions d'honorables va-nu-pieds. Pour tenir tous ces gens-là, pour adapter leur vie à la vie moderne, il faut des transitions, il faut des distinctions, il faut des catégories.

Il ne s'agit pas d'appliquer comme des sourds les grands principes de 1789 à des hommes qui s'en moquent et qui n'en veulent pas.

Il faut des institutions communes aux deux races coexistantes et que le Coran empêchera toujours de se croiser. Par cela même qu'elles ne se croiseront jamais, il leur faut des institutions spéciales, respectives.

Il y a un métis parfait dans ce pays : c'est l'Algérien fils de Français et d'Espagnole, ou inversement.

C'est à ce métis qu'appartient l'avenir. Il ne faut pas lui accorder une indépendance excessive dont il pourrait abuser par la suite pour donner du tourment à sa mère patrie, mais le constituer en citoyen mineur émancipé, ce qui est dans nos lois très près de la majorité légale.

L'Algérien, au surplus, ne demande pas autre chose.

Tunis. – Sur le *Casablanca*.

L'exemple des colonies prospères de l'Angleterre est là pour lui montrer, et à nous aussi, la route à suivre.

On viendra dire à ceux qui soutiennent cette thèse : « Mais vous voulez créer au bord de la Méditerranée une Union américaine, un Canada, une Australie, une nationalité nouvelle qui n'aura qu'un but : se séparer de la France quand elle se sentira assez forte pour le faire... »

En ne retenant de l'objection que ce dernier membre de phrase, on peut dire qu'il coulera de l'eau dans le Chélif avant que l'Algérie puisse se passer de la métropole, qui la protège, qui la défend, qui a payé pour elle des milliards et qui, malheureusement, aura encore à fournir plus d'une fois la forte somme.

Mais il y a autre chose : l'Algérien ne sera jamais le maître de l'Algérie; le Français venu de France n'est pas là chez lui; pas davantage l'Espagnol venu d'Espagne.

Le véritable maître de l'Algérie, qui sera l'obstacle à toute tentative de séparation, même dans deux siècles, dans trois siècles, c'est l'Arabe qui, par son intransigeance religieuse et sa résistance farouche au croisement, garantit le *statu quo in æternum,* si l'on peut dire.

L'Algérie ne sera jamais assimilable à trois départements français pour cette autre raison que les Français, qui l'ont conquise, se soucient trop peu de la visiter et de s'y établir. Sur dix Français qui se promènent, neuf s'en vont en Suisse, en Hollande, en Autriche, en Angleterre; un seul ira visiter l'Algérie. Pourquoi?

Voici le fin mot : parce qu'il y a vingt-cinq heures de mer à subir et que le mal de mer est un camarade très redouté.

Le véritable ennemi de l'Algérie? Ne cherchez pas ailleurs, c'est le mal de mer.

On raconte l'histoire d'une dame, excellente mère de famille, qui, en allant voir son fils à Alger, fit une traversée si tourmentée qu'elle pensa mourir dix fois. Le mal de mer lui parut si terrible qu'elle ne voulut jamais revenir en France. Elle vendit tous ses biens, s'installa auprès de son fils à Alger; elle y vit encore, depuis vingt-cinq ans...

M. Mougeot,
ministre de l'Agriculture.

Supprimez le mal de mer, en supprimant la mer ou en réduisant à presque rien la traversée, et vous verrez partir pour l'Algérie beaucoup plus de Français, touristes d'abord, commerçants et agriculteurs ensuite. Ceci ne changerait rien au desideratum de ceux qui veulent l'Algérie prospère par des chartes plus libérales, mais l'ensemble y gagnerait vite. La proportion des Français doublerait au moins chaque année.

Si donc nous étions le Gouvernement (voir plus haut), nous demanderions aux Espagnols de compléter leur réseau ferré entre Barcelone et Carthagène, d'où l'on pourrait aller en six heures de mer à Oran avec de bons paquebots. On réduirait ainsi à un minimum acceptable le contact avec l'affreuse nausée qui paralyse tant de choses... Il faudrait même commencer par là.

Bien d'autres choses seraient à dire, mais que voulez-vous? Le public français, qui voyage peu, ne s'intéresse qu'à demi à ces choses; elles sont pourtant d'une haute portée. Le nouveau Gouverneur, M. Jonnart, fait tous ses efforts pour les lui rendre familières.

Tunis. - Avenue du Port

Aux amis de l'Algérie, il n'y a qu'un conseil à donner, aujourd'hui comme hier : faites-la connaître aux terriens de France, multipliez les facilités de transport, attirez chez vous les visiteurs par tous les moyens.

Plus on connaîtra l'Algérie, plus on voudra l'aider. Mais il faut l'avoir vue pour la comprendre.

Sur le *Casablanca*.
La passerelle.

Tunis. - Vue prise du Belvédère.

XI

Tunis et Bizerte

Le 27 avril, par un temps superbe, M. Loubet faisait dans le port de Tunis une entrée triomphale.

Un léger navire de guerre, le *Casabianca*, était allé au devant de l'escadre, à la Goulette; il avait embarqué le Président et sa suite.

Les croiseurs et contre-torpilleurs mouillés dans le port tirent des salves qui remuent ciel et terre. Les musiques jouent *la Marseillaise*. Les cinématographes ronflent. Il y a vraiment là une minute historique, puisque c'est la première fois que le chef de l'État pose le pied sur la terre tunisienne depuis que la France a établi son protectorat sur la Régence.

On crie : « Vive la République! » à pleins poumons, « Vive Loubet! », et, peut-être aussi, « Vive le Bey! », mais les consonances se confondent.

Le Président paraît émerveillé. Il va rendre visite au Bey dans son palais, puis reçoit à la Résidence les autorités; le résident de France, M. Pichon, les lui présente.

77

M. Pichon,
résident général en Tunisie.

Ce qu'il faut retenir de cette arrivée sensationnelle, solennelle, du Président de la République française à Tunis, c'est que l'œuvre de 1881 est aujourd'hui en pleine voie d'achèvement et de prospérité. C'est que la France compte aujourd'hui une splendide colonie limitrophe de cette Algérie que nous venons de parcourir avec tant d'intérêt.

Il a fallu que nous arrivions à Tunis pour retrouver le ciel bleu et le soleil étincelant dont nous n'avions plus de nouvelles depuis huit jours.

La vision de Tunis, pour qui a connu ce pays il y a vingt ans et n'y est point revenu depuis, est simplement stupéfiante. C'est un conte des *Mille et une Nuits*. Il a suffi de sept mille jours pour transformer ce point lumineux de l'Orient, déjà fameux par ses richesses, en une cité à la moderne, qui rappelle à la fois Alger et Nice, avec, en plus, juxtaposée, la plus étonnante accumulation de bazars qui soit en Orient.

Les « anciens », ceux qui, comme nous, ont connu Tunis en 1881, retrouvent, à chaque pas, leurs souvenirs de jadis et, à chaque pas, ce sont des étonnements et des admirations.

La Marine, qui n'était, à cette époque, qu'une assez pauvre avenue conduisant de la ville ancienne au bord du lac, est devenue un magnifique boulevard planté de palmiers, bordé d'édifices dans le style italien ou mauresque, parmi lesquels on retrouve intact le palais de la Résidence qui jadis détonait par sa correction

S. A. Sidi-Mohammed-el-Hadi Bey.

de maison neuve au milieu de la pauvreté générale.

Ici, c'étaient des jardins d'orangers, aujourd'hui, des rues s'y croisent à l'européenne, sans qu'une parcelle de terrain reste à vendre.

Là, c'étaient des coins vagues habités par de vagues mercantis maltais. Aujourd'hui, plus de coins qui ne soient pourvus d'un immeuble cossu.

Le lac, devenu navigable, a conservé sa belle couleur bleue et ses barques qui le sillonnent si gracieusement dans la lumière du matin.

La vie moderne, avec ses bienfaits, avec son

Tunis. - Les Souks.

bien-être, a pris possession de ce repaire des barbaresques. De ce qui n'était plus qu'une guenille illustre de l'Islam, la France a fait une nouvelle Smyrne. C'est merveilleux !

M. Loubet fit, en Tunisie, un séjour que les obligations de sa charge ont écourté, et ce fut dommage. On regretta de ne point trouver le moyen de lui faire voir Carthage, dont les ruines sont à quelques kilomètres du Bardo. Le Président entendit la colonie française en ses déclarations, remit de

Au Bardo.
Salon du Trône. - Pendant la réception
de M. Loubet par S. A. le Bey.

justes récompenses aux uns et aux autres, échangea avec S. A. le Bey de courtoises visites, ne parut même en public qu'en compagnie de ce pacifique souverain dont les États doivent leur prospérité à la protection de la France. Mais ce qu'on vit de plus curieux, de plus sensationnel, ce fut la revue du 27 au Bardo.

A bien compter les revues du voyage, elle arrivait la troisième, après Mustapha et le Kreider. Comme elle eut son caractère personnel, étrange, indéfinissable.

Elle présenta, en effet, ce double aspect d'une revue militaire et d'une salutation pastorale et, comme le terrain en était gazonné, que le ciel s'était légèrement couvert, qu'on n'y souffrit ni du tour-billonnement des sables ni de l'ardeur du soleil, elle laissera

Tunis. - Chœurs d'enfants sur le parcours du cortège.

Tunis. — Avenue de la Marine.

peut-être dans l'esprit du Président le souvenir le plus vivace.

Ce fut une surprise bien curieuse lorsque le Président eut passé les troupes en revue avec le Bey et le Résident général, que l'arrivée du fond de l'horizon, sur la droite, d'une masse blanche, rouge, jaune, verte, multicolore, agitant des drapeaux multicolores aussi, qui commença à défiler par compagnie de deux cents hommes sans armes, jeunes, vieux, gros, grands, petits, ceinturonnés de soie ou de laine, enturbannés d'étoffes à tous les prix, revêtus de manteaux voyants dont l'arc-en-ciel était dominé par plusieurs groupes de burnous orange, comme on en voit peu, et quand un millier de ces hommes avait passé devant la tribune officielle, sous la conduite de leurs caïds à pied, un autre millier débouchait du pli de terrain où il y en avait six mille massés dans le plus grand ordre.

Cette curieuse armée de gens sans armes constituait la représentation de la Tunisie

Tunis. - Les élèves indigènes du collège Sadiki.

Au Bardo. - M. Loubet quitte le salon du Trône.

tout entière que le Bey avait ainsi convoquée par bans et arrière-bans
pour la présenter à M. Loubet.

Ce fut un spectacle d'une intense couleur orientale et de la plus puissante originalité.
Pas de musique, pas de tambourins, pas de nouba. Puis, chaque fois qu'une section de
deux cents musulmans environ arrivait devant la tribune où le Bey et le Président de la
République occupaient deux sièges dorés, placés en avant de tous les autres, le chef de
la bande poussait, en manière de prière, des cris gutturaux que tout son clan répétait

Tunis. - Attendant le cortège.

En Tunisie.
Sur la place Émile Loubet Maxula.

derrière lui. C'étaient des louanges à Dieu et des souhaits de longue vie pour notre Président.

D'abord, les zaouias de la ville de Tunis et des différents districts de la Régence défilèrent avec leurs innombrables drapeaux ornés d'emblèmes surmontés du croissant d'or ou de la pomme.

A travers leurs deux files d'une centaine d'hommes chacune, galopaient comme des chats des nuées de petits musulmans qui agitaient des encensoirs où le parfum était remplacé par des fleurs coupées. Les emblèmes les plus divers, les plus antiques, avaient été décrochés du mur de la mosquée et faisaient figure avec les étendards.

Puis viennent les notables commerçants et agriculteurs de la ville de Tunis.

Puis, phénomène nouveau, en une pareille solennité, les Juifs, conduits comme les Musulmans par un de leurs chefs religieux. Ils se font remarquer par la longue acclamation dont ils saluent au passage le Président de la République. Les deux tiers d'entre eux, — ils sont trois ou quatre cents, — sont habillés à l'européenne, mais tous

Tunis. - La cérémonie de la
pose de la première pierre de l'hospice indigène.

portent la chéchia nationale.

Des tribunes, où les spectateurs, les spectatrices en charmantes toilettes, les enfants des écoles, sont commodément installés, on applaudit chaque groupe avec une égale vigueur.

Le tableau est d'une grandeur antique et on voudrait que la photographie, qui n'a jamais été à pareille fête, pût disposer de la palette d'un Delacroix pour retracer cette vision avec la richesse de tons qui la vivifie.

Et le défilé continue... et de l'horizon arrivent toujours les longues théories bibliques marchant d'un pas mesuré sur l'herbe verte. C'est l'Orient qui passe devant son vainqueur, si débonnaire soit-il et si pacifique qu'ait été la victoire.

Voici les notables de Tozeur, ceux du Kef, ceux de Kairouan, ceux de Zaghouan, ceux de Sfax et

Tunis. - Les membres du bureau du Cercle tunisien, de la Ligue française de l'Enseignement, acclamant le Président de la République.

ceux de Gabès, plus noirs, plus ascétiques que la moyenne des bons gros pères mamamouchis dont nous avons la rétine éblouie.

Ah! l'étonnant cortège, la curieuse halte, l'étrange prière, la bizarre procession, et qu'il faut donc complimenter le Bey d'en avoir eu l'idée! On a fait voir en deux heures toute la Tunisie à M. Loubet.

Tunis. - Visite des centres de colonisation.

Nous parierions que le Président, souriant et intéressé, comparait mentalement ce spectacle symbolique à celui qu'on lui avait montré au Kreider...

Là-bas, une race d'enragés batailleurs, toujours à cheval, toujours le fusil au poing, la razzia ou la charge à l'état d'idée fixe. Ici, un peuple doux, pastoral, com-

Tunis. - Sur le terrain de la revue.
Avant le défilé.

merçant, sans armes, et à pied.

Quand ce fut fini et qu'on n'aperçut plus une seule section de notables tunisiens à l'horizon, ce fut le tour du défilé militaire : les zouaves très entraînés, les tirailleurs superbes, le train, l'artillerie, les chasseurs d'Afrique, les spahis, tout cela fut magnifique et souleva l'ordinaire enthousiasme.

La modeste armée du Bey, représentée par un bataillon, défila aussi et, chose qui surprendra plus d'un lecteur, ce minuscule effectif produisit une impression de rectitude impeccable. Nos instructeurs ont décidément fait quelque chose des débris en haillons qui constituaient l'armée beylicale d'il y a vingt ans.

Tout fut à souhait. Le retour eut ceci de commun avec les retours de Longchamp qu'on avait un mal inouï à retrouver sa voiture dans le parc voisin du Bardo.

Tunis. - Sur le terrain de la revue. - Les Zaouias passant en procession devant le Président de la République.

La cohue, pour être moindre sur la route qui en quelques minutes conduit à Tunis, fut très pittoresque.

L'entrée en ville, le passage à travers les rues de la vieille cité, remplies de curieux

Tunis. - Sur le terrain de la revue. - Les Zaouias ou confréries religieuses attendant l'arrivée
du Président.

et de curieuses aux costumes les plus bariolés, produisait sur tous les visiteurs une
impression comme on n'en ressent qu'à Tunis, restée orientale avec une obstination qui
fait aujourd'hui sa fortune.

Mais la soirée nous réservait un spectacle au moins aussi original. Cette nuit-là,
vraiment, Tunis offrit aux yeux de ses visiteurs un tableau magique, une évocation
infernale du passé : il suffit pour cela d'illuminer à l'aide de lustres à bougies et de verres

Tunis. - Sur le terrain de la revue.
La remise des décorations.

de couleurs les célèbres souks ou marchés couverts, qui forment comme une ville momifiée
dans la ville modernisée.

II.

L'Orient ruisselant d'une lumière jaune qu'il n'a jamais connue, trente mille pro-
meneurs de toutes races et de tous costumes
se pressant dans ce dédale, les Maures, les
Arabes, les Juifs, les chrétiens africains et

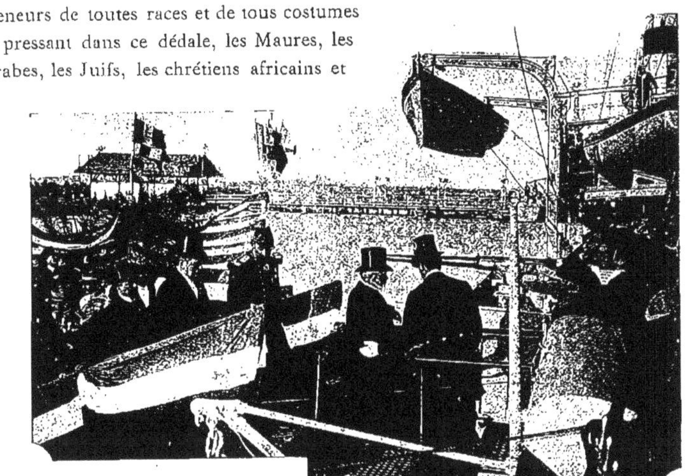

Tunis. – Le Président embarque sur le Casabianca.

ceux d'Europe, les zouaves, les turcos, les marins, les touristes, les
Parisiens en déplacement, tout ce monde bousculé comme sur nos boulevards les soirs
de grande fête, dans un labyrinthe de comptoirs, de boutiques, d'échoppes, dont les
tenanciers avaient tous éclairé extraordinairement les approches et sur les tapis desquels

Bizerte.

ils étaient assis les jambes croisées, avec leurs familles, leurs amis, regardant curieuse-
ment passer la foule émerveillée, avec ses burnous, ses turbans, ses accoutrements

innombrables autant que bizarres,
avec ses Juives en culottes de zouave,
coiffées du légendaire bonnet pointu,
engraissées comme des bestiaux, parce
qu'elles sont, paraît-il, plus belles sous
cet aspect phénoménal.

Quel kaléidoscope indescriptible,
inoubliable !

Il n'y eut qu'un cri dans toute la
caravane qui suivait le Président : le
séjour à Tunis a bien été l'apothéose
finale de cette revue de l'Afrique du
Nord à toute vapeur.

Mais il était dit que ce magnifique voyage nous ménagerait chaque
jour des surprises nouvelles.

Après les merveilles de Tunis,
nous eûmes celles de Bizerte, qui pré-
sentent un tout autre caractère. Ici,

Bizerte. - Le cortège quitte le fort Djebel-Kebir pour se rendre
à la batterie d'El-Euch.

c'est la France installée militairement dans la plus belle situation du monde.

Il semble qu'à présent il n'y ait plus rien à ajouter à Bizerte, dont l'histoire est
connue, et pourtant Bizerte, forteresse française en Tunisie, base des opérations mari-
times de la France dans la Méditerranée, doit, pour remplir sa fonction, pouvoir
pendant toute la durée d'une guerre ravitailler nos escadres en charbon et en projectiles.

Comme il n'y a pas de houillères dans l'Afrique du Nord, le stock de charbon doit

Bizerte. - Visite du fort Djebel-Kebir.

être constitué d'avance : son importance doit être d'au moins 100.000 tonnes, le chiffre
global des stocks entretenus à Malte par l'amirauté anglaise et les particuliers étant au
minimum de 140.000 tonnes, incessamment renouvelées pour l'approvisionnement des

navires, ce qui, en réalité, constitue un mouvement de charbon dans le port de Malte de
5.000.000 de tonnes par an (chiffre officiel).

Bizerte.
Le tir en mer. - Canonniers, à vos pièces.

Le charbon se conserve mal dans les pays chauds. Un navire obligé de marcher avec
du vieux charbon perd ses qualités de vitesse. Les croiseurs espagnols qui avaient filé
vingt nœuds aux essais n'ont pu marcher à plus de douze nœuds à leur sortie de
Santiago-de-Cuba, où ils avaient pris du charbon vieux de plusieurs mois. On connaît
les conséquences qu'eut pour l'Espagne la destruction de sa flotte à Santiago.

Le stock de charbon doit donc être renouvelé. Pour que ce renouvellement s'effectue

Bizerte. - Le tir en mer.
Observation du but au commandement « feu ! ».

sans charges pour le contribuable français, il est nécessaire de créer à Bizerte un port
charbonnier.

Ce port, pour avoir la clientèle des bâtiments de commerce pratiquant la grand'route

de Gibraltar à Suez, laquelle route
passe devant Bizerte, devra leur fournir le charbon à plus
bas prix qu'à Malte,
ce qui ne sera possi-
ble que si l'on amène
à Bizerte du fret de
sortie.

Ce fret de sortie,
disent les Bizertins,
ne peut être que le
minerai de l'Ouenza,
massif situé en Algé-

Bizerte. - Vue du pont transbordeur.

rie, à dix kilomètres de la frontière de Tunisie. La voie ferrée qui amènerait ces minerais à Bizerte serait construite sans subvention ni garantie par le concessionnaire de ces
gisements, lequel verserait dans la caisse de l'Algérie la redevance minière fixée par
tonne de minerai.

L'entreprise n'obérerait donc ni le budget de la France ni celui de l'Algérie.

Partie de ce minerai de fer de qualité supérieure devrait être traitée à Bizerte même,
dans un grand établissement métallurgique qui fabriquerait des projectiles et des blin-
dages pour la guerre et la marine.

Cet établissement, nécessaire pour assurer la défense autonome de l'Afrique du Nord,

Bizerte. - Les explications du général Marmier.

ne saurait être établi nulle part ailleurs qu'à Bizerte, où l'intérêt de la défense, comme
l'intérêt du contribuable français, recommande l'adduction des minerais de l'Ouenza.
Devant ce double intérêt, toute considération de clocher doit disparaître. Qui veut la fin
veut les moyens.

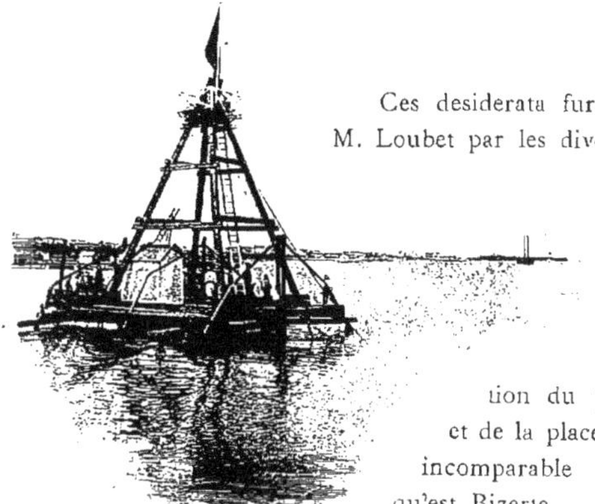

Bizerte.
Aux pêcheries. -Levée des filets

Ces desiderata furent amplement développés devant M. Loubet par les divers représentants de la population pendant les quelques minutes qui précédèrent l'arrivé du Bey, venu de Tunis par un train spécial pendant que M. Loubet venait par mer, avec l'escadre.

On apprécia la magnifique situation du port de refuge et de la place incomparable qu'est Bizerte aujourd'hui.

Tout cela est l'œuvre civile autant que militaire des bons Français qui se sont voués à la question bizertine et qui la verront sûrement aboutir, à force de moudre le même air et de toujours répéter qu'en matière de défense rien n'est fait tant que quelque chose reste à faire.

Ces hommes, ce fut le regretté amiral Merleaux-Ponty; ce fut le général Marmier; c'est aussi MM. Abel Couvreux, Hersent, le colonel du génie Gingembre et tant d'autres dont la collaboration étroite et patriotique a fait de Bizerte un superbe port de guerre.

Bizerte. - Le capitaine de vaisseau Aubert reçoit du Président la cravate de commandeur de la Légion d'honneur.

Il faut, maintenant, le doubler d'un port de commerce où il vienne et où il séjourne des bateaux, et il faudra compléter les deux par la construction d'une ville. A vrai dire, l'amorce en est encourageante et je suis sûr que dans cinq ou six ans Bizerte aura décuplé le nombre de ses habitants.

Bizerte. - Aux pêcheries.

C'est par cet examen de la situation de Bizerte, c'est par d'intéressantes expériences de tir en mer, par une promenade magnifique aux ateliers qui occupent le fond de l'immense baie — elle a trente-trois kilomètres de tour, comme Paris — que se termina, le 29 avril 1903, l'excursion présidentielle aux rivages africains.

Accomplie dans les meilleures conditions, sauf une réserve sur la température qui fut parfois désagréable, cette visite de M. Loubet aux colons de notre France d'outre-mer a produit le meilleur effet, au dedans et au dehors.

Nous nous unissons à tous les amis de l'Algérie et de la régence tunisienne pour souhaiter que les conséquences en soient immédiates, fécondes et durables.

Et surtout qu'on ne vienne pas nous dire, dans quelques mois, que le vent du désert en a emporté le souvenir.

Maintenant que le voyage présidentiel est un fait historique, il appartient à M. Jonnart, nommé gouverneur de l'Algérie pour la seconde fois au retour de M. Loubet, il appartient aux sénateurs, aux députés de la colonie, aux préfets, aux délégués financiers, aussi bien qu'aux notables de la régence de veiller à ce que les fruits de cette enquête personnelle du Président ne soient pas perdus pour la République française.

Bizerte. - Mouillage des cuirassés.

Nous remercions particulièrement M. Piston pour son aimable collaboration à l'illustration de cet ouvrage, ainsi que MM. Bringau, Bouet, Neurden frères et Jouve, de Tlemcen.

www.ingramcontent.com/pod-product-compliance
Ingram Content Group UK Ltd.
Pitfield, Milton Keynes, MK11 3LW, UK
UKHW020926120726
13693UKWH00003B/1157